U0050833

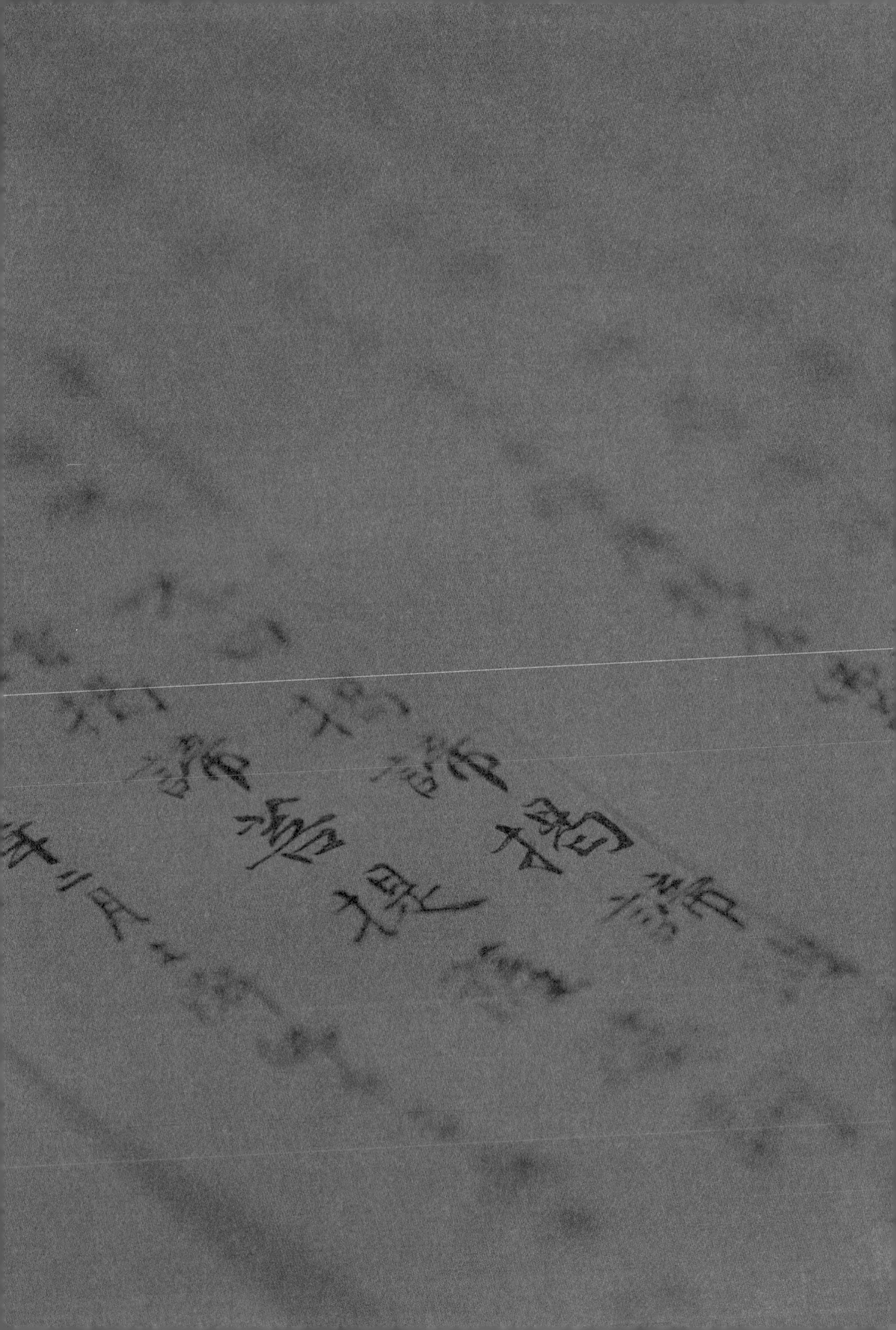

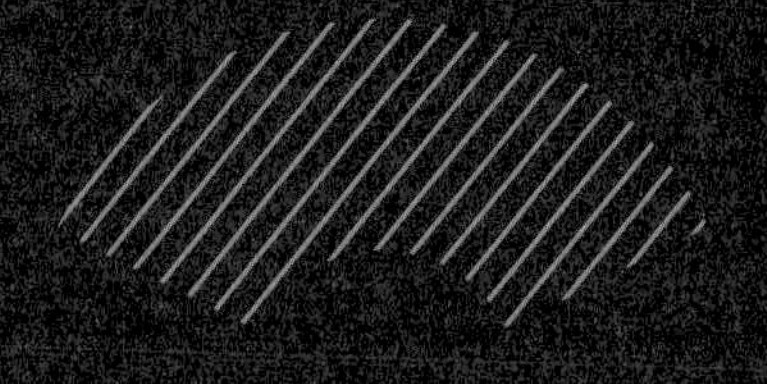

創意佛藝好好玩

2o種佛教手作藝術輕鬆上手

吳大仁◎口述·示範
張錦德◎撰稿
張錦德·李東陽◎攝影

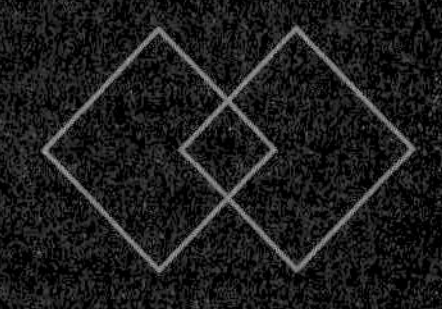

攝影｜吳嘉峯

自序——一起參禪趣

書畫篆刻是華夏文化的重要特產。子曰：「志於道，據於德，依於仁，游於藝。」正是古代讀書人的共同游藝課目。老祖宗發明了毛筆，用以柔克剛的道理，使得後人以軟筆表現「剛健含婀娜」的書道美藝。無疑是古德的絕高智慧表現，我一再以為書畫篆刻是鍊心修定的絕妙法門，也是自我挑戰的法門。

兩年前，承蒙法鼓山方丈和尚果東法師及果賢法師的厚愛，特邀約我為《人生》雜誌書寫專欄，我當時因授課忙碌，所以分身乏術，因而要求法師請專人幫忙筆錄，我則親自口述示範。因此兩年多以來，每月有新內容和新點子呈現廣大讀者面前，今結集成冊，應感謝《人生》雜誌夥伴，尤其記者張錦德先生、攝影李東陽先生，辛苦耐煩為本書提供心力。

本書共分三大篇：

一、書法篇

介紹如何運用精簡便捷的方式，抄寫佛經與歷代祖師大德法語。先由〈從臨帖入手〉開始，並依聖嚴師父法語臨摹，一方面感懷聖嚴師父創辦法鼓山的艱辛歷程，另一方面也學習師父他老人家禪修與無私的奉獻精神。聖嚴師父晚年鈔經使我深受感動，所以我也運用在〈鈔經練習〉的篇幅當中，介紹《金剛經》與《心經》的抄寫，並用創作「格子版」，讓廣大讀者快速得心應手，並且提出鈔經格式與種類，我奉獻畢生心血與經驗，不吝與廣大讀者分享。〈另類書法〉：介紹現代書法，希望借用生動活潑的線條，賦予高度的「生機」、「磁場」和「無言的禪意」；現代書法雖為打破傳統而創作，不惜犧牲傳統為代價，這是有待商榷，當然傳統未必是精髓，對其中不合時宜的形式，必須加以轉化，而成一創新書法藝術，讓此中含有更多生命的氣韻。〈討喜春聯〉：因篇幅之限，無法將我多年來的各類創意春聯，完全匯入本書內容當中，將來有機會將另編彙成集與大眾分享。「拓碑」部分，我用傳統拓印方法融入創新的技法，分享給讀者大眾。

二、水墨篇

所謂書畫同源，以書法的筆意，展現蓮花的畫法，用很精簡的筆法呈現莊嚴的蓮花內容。接下來在扇子上面表現〈挺拔的青松〉，讓水墨呈現堅忍不拔耐寒的精神，進而企圖表達所謂：「怒氣寫竹，喜氣寫蘭。」也扼要地引導讀者進入畫松的領域。〈風雅的蘭花〉：我們知道古代文人喜歡畫蘭，我用古扇的方式以及宣紙的紙本，呈現兩種不同畫法。〈細緻工筆畫〉：介紹佛手蓮花，從勾勒到染色、落款、用印。〈簡易禪畫〉：用精簡的筆法呈現禪的趣味，並且示範潑墨的〈創意達摩〉，以工筆融合展現達摩禪定與般若的眼神。

三、活用篇

主要的目的為希望在每個人的生活當中，提昇具有高度的生活禪而呈現，藝術加上佛法的禪語，可以落實禪的生活化，又是文字禪的一項，例如用摺扇來書寫展現古色古香的藝術氣息。同時也介紹篆刻，從印章的磨平到書寫印面，刻「佛心」、「佛像」，再再呈現複雜簡單化，藝術生活化。〈實用陶藝〉：直接到窯廠實地繪製，用手刻陶坏的方式精簡地呈現陶刻藝術。〈木刻巧思〉：刻上聖嚴師父的法語，使生活物品呈現藝術禪意。〈創意燈籠〉：配合時令介紹創意燈籠的繪製方式。〈舊衣新生命〉：用顏料繪製在沾有汙漬的舊衣服上，繪製禪畫佛語，使舊衣服得到新生命。

琳瑯滿目地介紹「創意佛藝」，是希望「以藝顯道」、「由藝通道」，希望抛磚引玉引起大眾對於禪藝的回響，本人創作此書的動機與立意是為彰顯「佛藝禪」，大家能打打禪趣，讓讀者菩薩參一參！

2015年寫於南京

目次

chapter 1 — 書法篇

chapter 2 — 水墨篇

chapter 3 — 活用篇

引言

在藝術中 **體驗禪的況味**

看過弘一大師《金剛經》鈔經作品的人，想必對於裡頭有很多的「不」都特別注意吧！每個「不」字寫得難以分辨，乍看還以為是「天」字，可以想像身為律宗祖師的他，對「不」字的理解深刻。「不」，對他而言等同戒律，可視為提醒、戒定：什麼事不能做，不可以做，看似消極，卻能讓自己更專注於修行的精進，反應在字上，也格外特殊。這位精通繪畫、音樂、戲劇、書法、篆刻和詩詞的律宗大師，將修行融入書法，把書藝發揮得淋漓極致，又具有禪味，為近代佛教藝術留下璀璨傳奇的火花。

自古以來，禪與藝術總令人聯想在一起，有許多人認為，優美的詩詞、繪畫中，應該具有禪味，讓藝術品不只是美的呈現，還有空靈脫俗的意境。其實禪與藝術的關係，聖嚴法師在《禪的世界》一書中就說得明白：「其實藝術是禪的副產品而已，修禪的目的不在藝術的表現，而在協助我們解決生活上的困擾及身心上的苦惱，這才是修禪的真正意義。」一語道出藝術雖能美化生活，但是如果把藝術直接等同於學禪、修行，甚至認為從此解決人生的貪、瞋、癡，就過於本末倒置了。

藝術雖然不能等同於修行，但如果在創作時花點心思，讓創作者在當下能夠思考、反省，創作出來的作品能與觀者進行內心對話，引起心靈共鳴，這樣的藝術創作無疑也是一種易行的修行法門。

例如本書介紹的書法，人人都能入手，看似簡單，但就如同學習基礎禪坐一樣，這需要極大的定力，肯下工夫，耐得住枯燥寂寞。又例如刻印、工筆畫，注重基礎與細節，再再考驗創作者的基本功，沒有定力，不多加以練習，是很難心手合一、有所成果的。至於鈔經、畫松、畫蘭等，除了需要靜心，在過程中也是一種提醒，提醒自己領受經中法義，更砥礪自己隨時如松、蘭一般高風亮節。

而現代書法、禪畫，看似毫無章法，其實是在苦練之後的放下，放下基礎，放下技巧，放下規則，透過「由生轉熟、由熟轉生」的練習，循序進入法門，重新思考書畫的旨趣，體驗「法無定法」、「學法忘法」的真諦。

本書的佛教藝術創作示範，強調簡單、方便，容易上手，但也不偏廢基礎工夫。對於一般練習者來說，作品的好壞不是關鍵，重點是手作的過程中，能不能融會貫通，進而豐富自己的作品及精神內涵，最終領受佛法的真意與妙趣。

入門

基礎工具與筆法

本書的20種佛藝，基本上都和「書法」與「國畫」的運用有關。

書法是中國藝術中的精髓，而國畫則是以毛筆沾有顏色的墨水，然後以書法方式變化，可說是由書法演變而來的藝術，因此，在世界繪畫藝術中獨具一格。

為什麼說「書畫同源」呢？舉例來說，畫者可以用筆尖點出松果、梗刺，甚至整個筆鋒壓下一轉，這一點又能轉成朵朵花瓣。同樣地，用筆尖能夠橫筆一畫，畫出粗中有細的松枝線條，也能直豎到底形成蒼勁有力的蓮梗。再平凡不過的點或線，都來自書法的精妙，即使整個筆鋒壓下，用力刷出千仞絕壁，或者上下刷出大片大片的蓮葉，也樣樣離不開書法。

無論要寫好書法或練習國畫，其工具離不開「筆墨紙硯」，作畫的筆法也離不開書法。在此把書法的工具、材料，以及如何握筆、運筆等最基礎的觀念一一介紹如下：

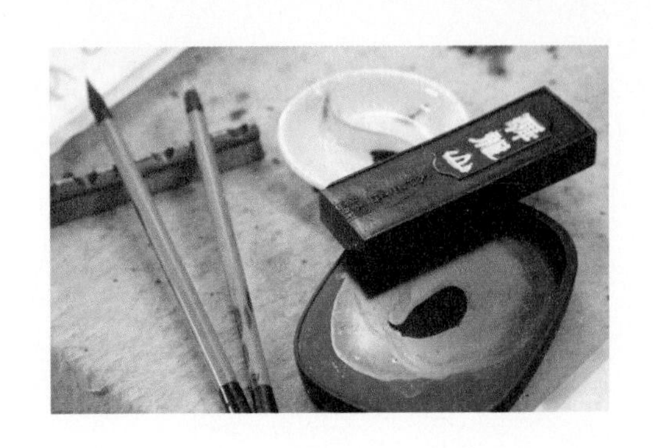

工具

筆

毛筆是中國書法藝術關鍵性的工具，由於寫者的個人偏好、使用習慣與字體的不同，而使用不同的筆。對初學者來說，可以使用兩種或兩種以上不同種類的獸毛所製成的兼毫筆。兼毫筆的特性是亦剛亦柔，最適合初學者使用。

此外，初學者最好以中楷、大楷毛筆做練習，大楷字清晰整齊，不但容易掌握筆畫運使，也較為賞心悅目，寫起來會有成就感。

墨

過去學字，強調要自行磨墨。動手磨墨一來可以練腕力，隨時控制墨汁濃淡，同時有靜心、修定的作用。只不過現代人生活忙碌，時間零碎，如每次都要磨墨做準備工作，容易生懈怠、放棄之心。初學者為方便使用，可以買現成的、品質良好的墨汁。但是在使用時，要留意現成墨汁也有濃稠及較淡之分，濃稠容易滯筆，要用水加以稀釋。

紙

吸墨的紙有宣紙、棉紙、毛邊紙等。機器製的仿毛邊紙，吸墨性適中，價格便宜，較為一般大眾所青睞。其實，現代人生活寬裕，不妨直接以宣紙練習。宣紙雖然較貴，但也能提醒我們惜福愛物，督促練字者更加精進、用心。寫字時，紙張下方需墊一層吸水布，紙張光滑為正面，墨落於紙上，不易散開；反之，粗面則是背面，易受墨不全，寫起來也不痛快。

硯

一塊好的硯台實質表面細潤而能發墨為佳。質細則不損筆毫，溫潤則不滲墨水，其形制、色澤也令人賞心悅目。若使用墨汁則可用小瓷碟代替。準備兩只白瓷碟，一只用來盛墨汁，另一只略大、略扁平，用來舐筆，試墨色。另外，也可以找一小疊衛生紙，隨時試筆墨濃度，以及清除筆上墨漬、水分。

姿勢

坐姿

坐姿端正，頭正挺胸直腰。坐在椅子六分的位置，後面保留四分的空間，而腹部與桌子大約保持一個拳頭的距離。就像禪坐一般，身體坐正，全身放鬆，千萬別

整個身體都靠在椅背上，看似舒服，但一來不方便運筆，二來寫久了反而會血液不通而腰痠背痛。

握筆

握筆有一個很好的口訣：「指頭緊，掌心空。前三指，為前鋒，後二指，為附送。當如是，力必雄。」所謂的「指頭緊」是指大拇指與食指、中指這三指要壓緊毛筆，寫字主要靠這三指來運轉。至於無名指則是以指甲面抵住筆管，然後小指頂住無名指，由於只是用來靠筆，藉此幫助前三指施力，因此稱為「附送」。而「掌心空」，則是握筆時，掌心仍保有空間，最好要空出可放一個雞蛋的大小，如此運筆前後左右，才能運轉自如。

過去，或許有人常聽說筆要按得緊，緊到後面有人要抽筆都抽不動，其實前三指按筆固然要緊，但是也不能太緊，因為肌肉太緊是無法寫好字的。理想的狀況是，前三指的第一節指頭碰觸到筆即可，要緊也要懂得鬆，緊只是讓筆握正，隨書寫者寫出想要的字，但鬆才能讓毛筆在書寫時隨意轉動，進而達到心、筆合一的境界，呈現意想不到的藝術美感。

運筆

一般來說，執筆書寫有「懸腕」、「懸肘」、「提腕」、「枕腕」等方式。其實，這些方法都可行，就看寫字的當時處於哪一種環境之下，例如，日本人因為坐在榻榻米上寫字，自然非懸腕、懸肘不可，反觀國人習慣在書桌上書寫，因此常用提腕、枕腕的方式。此外，字體大小也會影響書寫方式，總之因時因地因人而不同，也是一種方便，沒有絕對的優劣。

基本筆畫

還記得過去求學時期，老師總以「永字八法」做為基本筆畫練習的方式嗎？「點、橫、豎、勾、仰橫、撇、斜撇、捺」，八種筆畫分開寫的時候有模有樣，但組合成「永」字，卻是頭重腳輕，左長右短很不像樣。而且，寫來寫去，永遠就是那個「永」字，不但讓人厭煩，只要一筆寫不好，又要從頭來過，很容易讓人喪失信心。

其實「永」字八法只是用來訓練書法的基本筆畫，因此作者自創了一種能夠輕易上手的筆畫練習法，直接以「十、八、口、小、乚」來教授初學者基礎筆畫，一來這五個字包含了書法大部分的筆法，二來分成五個字寫起來更為容易，就連想學書法的外國學生，也都能在短時間內練習出一定的成績。不過，即使學會這五個字，也只是學會基本工，通常一、二星期就要熟練，之後就要開始學字的完整架構了。

臨、摹、讀、背

中國字每個字的寫法都完全不同，想要學得好，除了多加練習寫字之外，就是多臨摹或讀背古人的書帖了。

臨摹

臨摹是初學者學習書道的必備方法，又可分為臨書、摹書兩種。臨書，是按照原作去寫；摹書，是用宣紙或絹蒙在原作之上寫。由於摹書是照著書帖去描線條，容易落入照本宣科，無法自運發揮個人特色，而有許多人批評這種學習方式。其實，不論臨或摹，都是學習古人運筆的精妙。臨書容易得古人的筆意，而摹書可以得古人的結構，臨和摹兩種方法各有其相當的學習成效，可以相互參用。

學書法貴在能循序漸進，切忌躁進，應以楷書入手。其中唐代楷書，法度嚴謹，因此過去求學時段，總以唐代歐陽詢、顏真卿、柳公權等人的字帖做為臨摹。只不過每一幅字帖，密密麻麻字數頗多，太過複雜，很容易讓耐力不夠的初學者產生挫折，無法持之以恆。此處建議練習的字不用多，不妨以佛菩薩聖號、祖師大德的法語做為範本，即使是一個字、兩個字，用心寫的話就是一件好作品。

讀帖、背帖

臨寫前的讀帖工夫，也極為重要。讀帖是一種觀察、分析、思考、比較的工夫，除了了解並欣賞書家用筆的意圖與方法，同時也是心和眼最密切的結合的一種學習方式。三國時代書法家孫過庭把讀帖的工夫，名之為「察」，實際臨寫名之為「擬」；「察」的時候若不能透入精微，「擬」的時候就很難能妙肖原本。

現代人的生活忙碌，卻有不少零碎的空暇時間可以善加利用，由於字帖的字都相當大，也非常適合在等車、搭捷運、坐公車的時候就可以把古人字帖拿出來讀。讀帖時，對每一個字的任何細微動作變化，如點、畫的起收輕重、行筆的緩急、方向的斜正，以及間架結構的開合變化等，都不要輕易放過，而去慢慢地思考其所以然之故。

至於背帖，可不是把字帖上的字給背下來，而是與讀帖一樣，把每一個字的落筆、收筆，筆畫的細微變化給背下來。這對初學者來說，當然不是容易的事，其實背帖是比讀帖更深一層的工夫，就是熟記筆畫、位置，這樣即使沒有帖在旁對照，也能運筆自如。

總的來說，臨、摹、讀、背，都是下筆寫字前的工夫，都是在揣摩古人寫字的方式，然後加以吸收、運用，成為自己的寫字方式。如果我們對於古人書寫作品時的意興和內心活動等，若能有所領會，然後下筆，自然會愈來愈有收穫。

本書有好幾個示範是以聖嚴法師的字帖《遊心禪悅》為範本，法師雖是晚年才開始學書法，但是有自己的風格，其特色就是每一個字，都規規矩矩、清楚分明，展現其不疾不徐的禪定工夫，也是非常適合初學者來臨摹的。

書法篇

chapter 1

書法篇——1

從臨帖入手

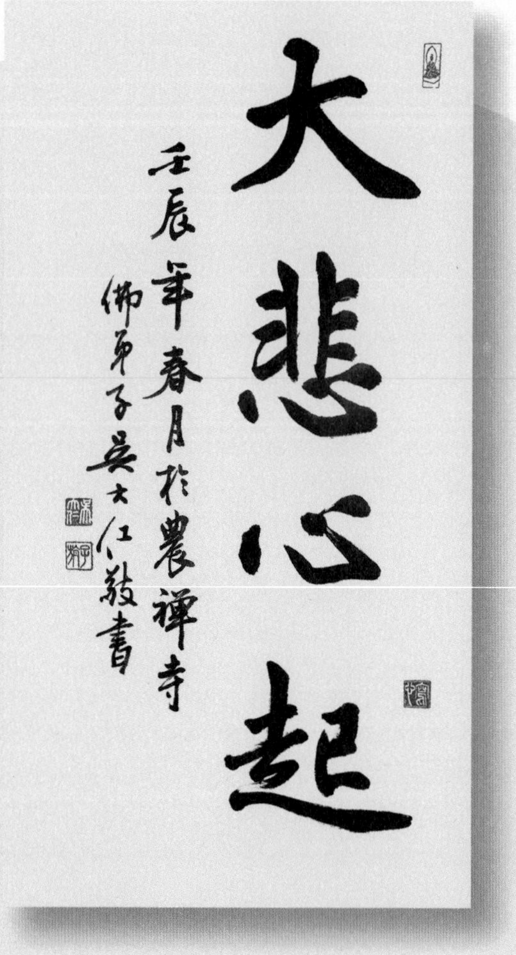

大悲心起

壬辰年春月於農禪寺

佛弟子吳大仁敬書

書法的樂趣對一般練習者來說，作品的好壞不是關鍵，重點在於書寫的過程。能把自己的作品掛到牆上並感到滿意，那種喜悅是購買坊間字畫所無法比擬的。許多人初學書法，都是以唐代顏真卿、柳公權等諸公的字帖為臨摹範本，其實，歷代許多大德法師的法語和墨寶，都是極佳的臨摹對象。這幅〈大悲心起〉是臨摹聖嚴法師的書法作品。聖嚴法師晚年才開始練習書法，其特色是字體規規矩矩、清楚分明，非常適合初學者練習。

工具

- 中楷筆（或大楷筆）
- 墨汁
- 宣紙
- 硯台

摺紙。

寫書法要摺紙，目的是間隔字與字，以及主文與落款、用印之間的距離。不論是直式、橫式書寫，摺法大致相同，只要能掌握要點，多練習幾次，就會更容易上手。

1 先將紙上下對摺，然後再次上下對摺。（圖1）

2 再次對摺時，上方須留4至6公分做為天地，並把保留下來的天地往內摺。（圖2）

3 將橫條籤狀的紙，左、右兩邊都往內摺進4至6公分。

4 最後，將橫條籤狀的紙左右對摺，但並非以中間為對摺點，而是以3：2（右邊主文為3，左邊落款為2）的比例對摺。（圖3）

5 打開宣紙，直條紙幅從上到下就會有四大格方形痕跡。（圖4）

一點就通！

摺紙看似麻煩，實際上是一種格局的安排，若任隨自己意念書寫，容易流於天馬行空，毫無章法可言。九宮格固然方便，一旦用久了，反而被紙上的格線所限，如果改用沒有九宮格的紙，反而會無法下筆。

主文書寫。

摺好紙就可以開始下筆，一個字、一個字地寫進方格正中。寫字前，身體坐姿要正確，與桌緣要保持距離，依個人習慣不同，也可以站著書寫。

1 「大」在字形上要盡量保持三角形，第一筆橫畫不宜過大，如果過大，難免會有頭重腳輕的視覺障礙。（圖1）

2 「悲」字的「非」字相當重要，盡量落在格子的中間線上。「非」字左邊第三筆橫畫結束時，筆鋒要往右上推過，做為右邊直豎的起筆，然後往下直豎與左邊對稱。至於「悲」字的「心」字，可以寫得比較矮扁一點，正好與第三個字的「心」字的寫法有所區隔，讓整張作品更活潑、有變化。（圖2）

3 「大」、「心」兩字，因為筆畫少，落筆時要加重筆畫，才能跟「悲」、「起」兩字達成和諧。初學者練字，最好沾一次墨寫一字，使筆畫連貫。

完成作品。

1 **落款：**要落在主文四個大方格的左下方，寫上自己的名字、書寫的年月及地點。（圖1）

2 **用印：**壓上印章時，要在底部墊本書，將印章用力往下壓。接著，讓印章不離紙，上下左右晃動，再一口氣提起。（圖2）

一點就通！

落款是書法作品中極為重要的一部分，通常行家看字，皆先看落款，因為主文或許有帖可抄，落款則完全需要自運。對古人來說，落款是一件作品的完整構成，對現代人而言，則是負責任的態度。
用印的空間則要先預留在落款下方或左側。需要注意的是，用印為副題中的副題，因此蓋完的印章，忌諱與落款齊平，高度以不超過姓氏為原則。

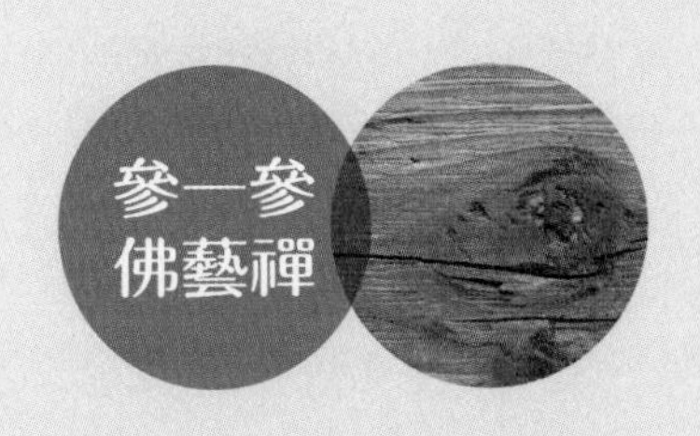

一個人如何審度作品裡每個字的形體、如何加以妥善安排，再再可以看出內心的觀照工夫。此外，臨摹法師法語的好處在於每臨摹一次就親近法義一次，如果能常常練習，常常書寫，對於長養我們的慈悲心、智慧心有很大的幫助。寫好的書法作品裝裱掛在牆上，不但可美化家居，亦可做為日常生活行持的提醒；與人結緣，也是接引人親近佛法的方式。

書法篇—2

鈔經練習

在古代，要擁有一部經典是件困難的事，需要靠著人們用書法抄寫經文使佛法便於傳播，與此同時，社會名士、文人、僧人也得以留下傳世的經典書法作品，既弘揚了佛法，也展現了書藝。如果是鈔經新手，可以從《心經》、《藥師經》、《阿彌陀經》、《金剛經》、〈普門品〉等篇幅較短又耳熟能詳的經典入手。

工具

- 廣告紙
- 尺
- 剪刀（或美工刀）
- 鉛筆
- 小楷筆
- 墨汁
- 墨條
- 硯台
- 鈔經本

製作格子板。

寫書法時，可利用摺紙、畫格子來安排格局；鈔經則可以用不要的廣告紙製作格子板，可說是資源利用的最佳示範。

1. 將廣告紙剪成與鈔經本的頁面同樣大小。
2. 在廣告紙畫出所需要的格數，例如一頁寫2行，每行寫5字，就畫出10格空格。（圖1）
3. 用美工刀將畫好的格子割空。（圖2）

1

2

書寫主文。

1 將墨汁倒入硯台裡，並用墨條磨墨。若用由純天然原料所製的墨條，磨出的墨水會具有沁人心肺的馨香氣息，更能幫助我們專注，調出合適的濃淡。

2 將格子板對齊鋪在書寫的頁面上。

3 將經文依照空格的順序抄在空格裡即可。（圖1）

一點就通！

書寫主文的時候，可以在寫過的頁面放張衛生紙，避免手沾到墨漬而弄髒紙張；或者可以放慢速度，等墨漬乾了再寫。如果用宣紙對摺的書頁來鈔經，要在對摺的宣紙中間，放一張吸墨的報紙，墨水才不會滲透到背面的頁面上。

書寫發願文。

全文抄完後，緊接著寫上「發願文」。發願文的內容每次可不同，最好能學佛菩薩發大願，例如祈求世界和平、提昇人的品質等。（圖1）

落款。

最後落款書寫自己的名字、鈔經的年月與地點。(圖1)

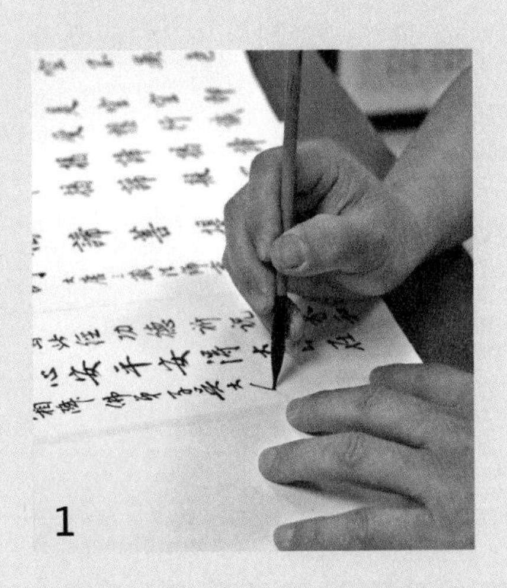

1

一點就通!

發願文與落款的字級可縮小，不需要長篇大論，篇幅約一頁即可。發願文與落款由於字級較小，在不重新製作格子板的前提下，考驗著鈔經人的格局安排，因此每個字都要非常謹慎，否則會前功盡棄。

完成封面。

1 在封面寫上經題「般若波羅蜜多心經」。(圖1)

2 經題下也要落款，寫上鈔經人的姓名、鈔經的年月。

3 最後在落款的下方蓋上印章，以示負責。(圖2)

一點就通!

經題可以用與經文不同的字體，通常使用隸書的話，視覺上較為大方。不論是經題或經文，只要有落款的地方，下方都要蓋印。

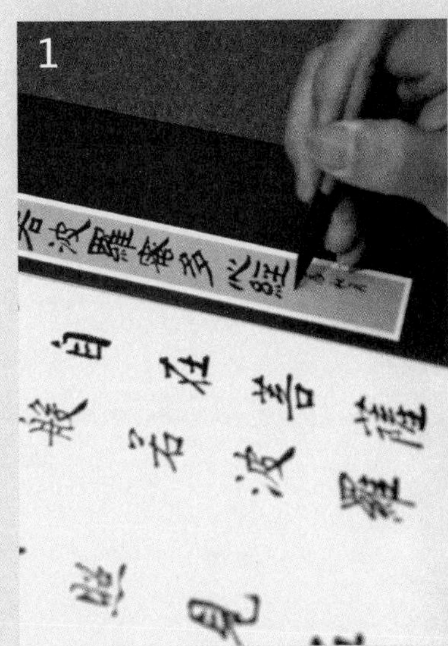

1

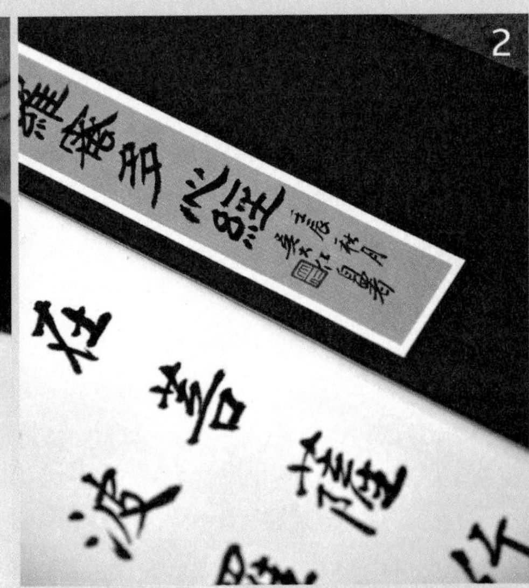

2

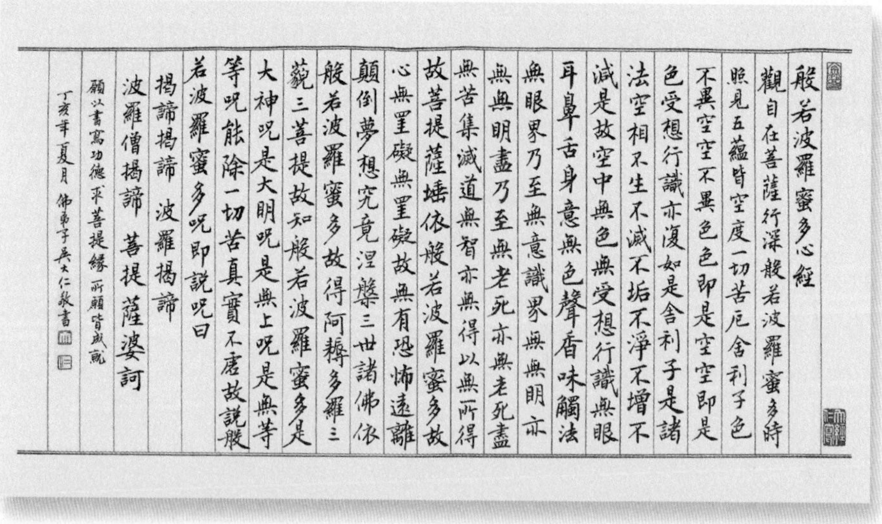

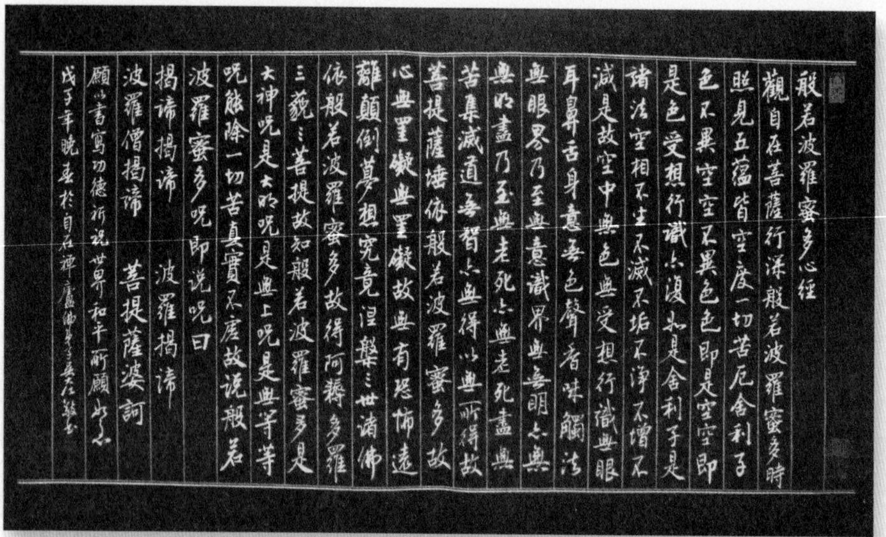

一點就通！

市面上也有販售一張張專門抄寫《心經》的鈔經紙，正好一次寫齊《心經》260字，還畫好格線，方便鈔經者書寫。通常有素面與藏青色兩種，素面通常用黑色墨水來書寫，但是藏青色則需用金泥書寫，才顯得美觀。

用金泥鈔經，因為金泥具有易乾、難推的特性，寫起來較為費力，通常寫五、六個字就要再沾金泥，因此需要花較長的時間抄寫。但相對來說，書寫的心情更為沉穩，要更有耐心，所下的工夫必須更深。

雖然每次只寫一張，但發願文、落款、用印都不能馬虎，表示有始有終，才算是一門修行的功課。

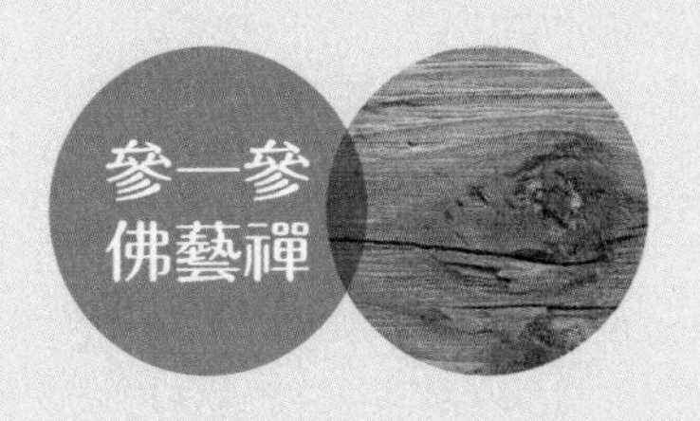

聖嚴法師鼓勵大眾鈔經，因為鈔經一遍，勝過閱讀十遍。事實上，鈔經確實是方便易行的法門，不僅能讓人讚歎佛法、親近如來，更可以修身養性、深入經藏，甚至與人結緣、弘傳佛法。鈔經也像進行一場莊嚴的法會，從沐手靜心開始，接著誦念〈開經偈〉，然後以竭誠之心抄寫，最後書寫發願文，並將功德迴向眾生，在整個過程專念一意，就會心柔清淨，如聞佛說法。

—3

另類書法

現代書法大多是將傳統書法故意誇張、變形，有的特別強調水墨效果，或是注重畫面構成。字體的選擇與技巧，也沒有太多限制與規則，有的甚至沒了字形，其流暢活潑的表現形式，就連不會寫書法的外國人也能輕鬆上手。對一般人來說，也能單純去欣賞線條律動的趣味，十分適合現代人勇於創新的性格，成為另一種書法藝術。

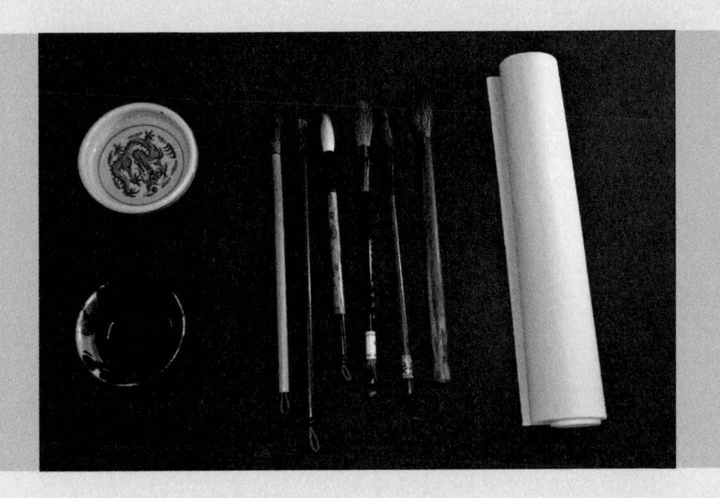

工具

- 老舊禿筆數枝
- 宣紙
- 墨汁
- 盛水小碟子

禿筆效果。

1 用筆沾水，然後再沾墨，使筆尖深、筆尾淡。

2 將宣紙鋪在報紙上，然後在宣紙上方，隨意一點寫下「無」字。（圖1）

3 第二個「無」字用筆點兩點即可。（圖2）

4 最後寫上「明」字。此時墨水將乾，禿筆分岔的筆毛自然留下清晰的筆刷。（圖3）

5 在空白處落款。落款不宜太多字，字多就少了趣味。落款位置、字體則不限，想規規矩矩或隨性簽名都可。

6 最後蓋上印章。現代書法不一定要落款，有時只蓋章，而且不拘泥位置。這裡由於已經落款，所以姓名章跟在落款旁邊。

一點就通！

傳統書法往往為了讓寫出的字有精神而墨汁偏黑，現代書法則深淺濃淡都能寫，也不需要像傳統書法一樣畫格子、摺格線，打破格線的框架，甚至連紙張的界線也要突破，讓線條有無限延伸的韻味。

斑駁效果。

1 在紙上想要表現斑駁的位置，輕輕揉一下，製造皺摺。然後將紙稍微攤平放在報紙上。（圖1）

2 用筆沾水，然後再沾墨。

3 皺摺處寫上第一個「無」字。（圖2）

4 在紙上平坦處寫下「無」、「明」二字。

5 蓋上印章就完成了。

一點就通！

斑駁效果的「無」字，寫得較為規矩，方便讀者參考。皺摺會使得紙張無法完全吸收墨汁，使原本筆直線條自然產生斑駁，這和用禿筆寫出來的開叉軌跡是不一樣的味道。即使將作品裱平，斑駁線條仍會留下，而且具有無法複製的藝術性。另外，「無」的最後四點可以用力壓下去，水自然會往下噴出而產生深淺層次。

雙筆效果。

1 將兩枝毛筆用橡皮筋圈起來。筆的大小最好一致，不要差太多。

2 用筆沾水，然後再沾墨，兩枝筆都要沾到。

3 隨意寫下「日日是好日」。(圖1)

4 最後落款、用印。

一點就通！

將毛筆綁起來，原本是為了製造大筆畫的味道，不過有些筆畫會產生意外的分叉趣味。除此之外，刷子、拖把，甚至把棉花、抹布捏成一團也能寫現代書法。如果嫌用棉花太浪費，用抹布會傷紙，不妨將練習過的宣紙捲起來，就變身成一枝筆，刷出立體生動的筆刷效果。

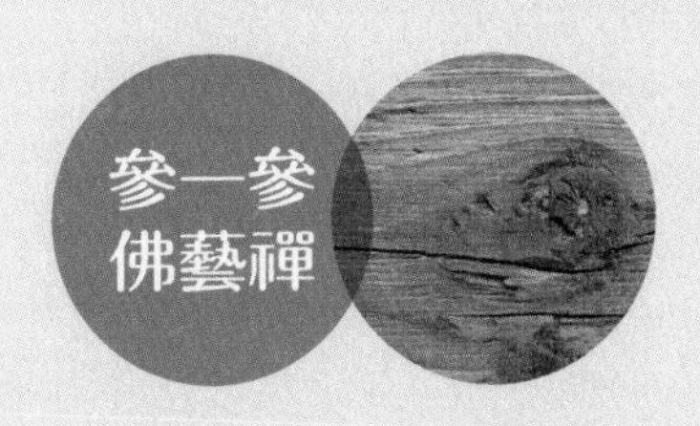

現代書法是對傳統書法的反思，一般人可以享受書寫，回到塗鴉、畫線的樂趣；對書法家而言，也是一種生轉熟、熟轉生的練習，不執著書體，放下派別，才能不斷地精進突破。即使如此，現代書法還是不能荒廢傳統書法的底子，不妨把它當成練習，從中反省自己過去書寫的習慣，進一步放下、突破習以為常的技巧與觀念，這才是現代書法的積極意義。

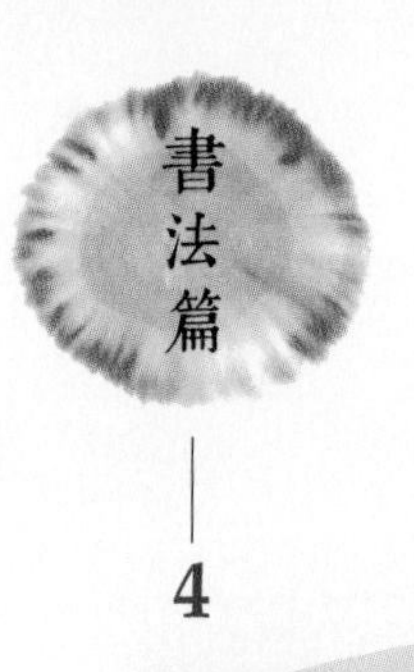

4

討喜春聯

祥光普照修善家

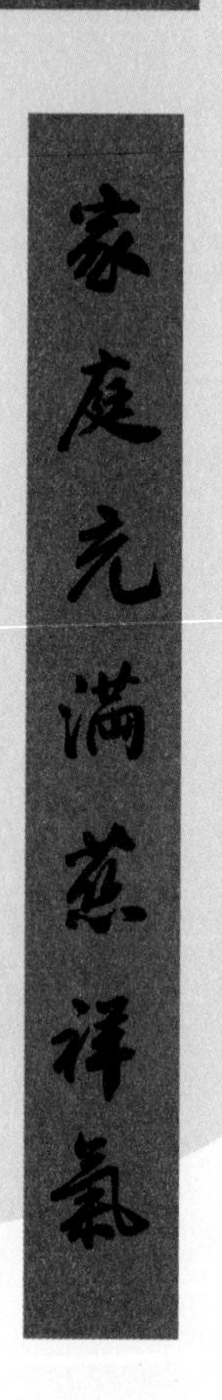

春聯也稱春貼、福貼、揮春，是農曆過節時，把賀年的吉祥字詞寫在紙上，貼在牆、門上，以增加過節的喜慶氣氛。一套春聯包括了大門常見的「對聯」、「橫批」，還有貼在大門兩扉上的「門心」，貼於房門、牆壁上的「春條」，貼在內門、米缸或花盆上的「斗方」。傳統對聯不但要寫吉祥話，字句之間更力求典雅藻飾，講究對仗平仄。現代人較不注重格式，但春聯做為家的門面，內容朗朗上口、喜氣洋洋是再好也不過的了。

工具

- 大楷筆
- 小楷筆
- 油墨（或油性顏料）
- 小碟子
- 對聯
- 春條
- 大斗方春聯紙

傳統對聯。

摺格子

1 將長條對聯由下向上翻摺，留出大約一個字的空間。（圖1）

2 將翻摺的部分再翻摺，同樣也留出大約一個字的空間，此時對聯已成上中下三等分。（圖2）

3 將下方的部分往中間處翻摺，形成上下二等分。（圖3）

4 下方再往上翻摺。

5 打開紙，將有七個相等的格線。

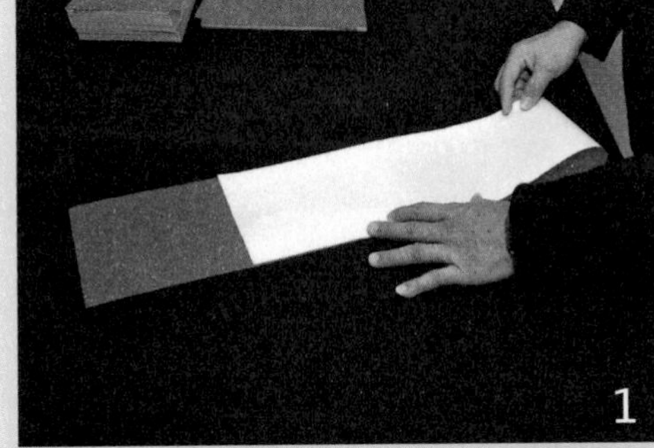

1

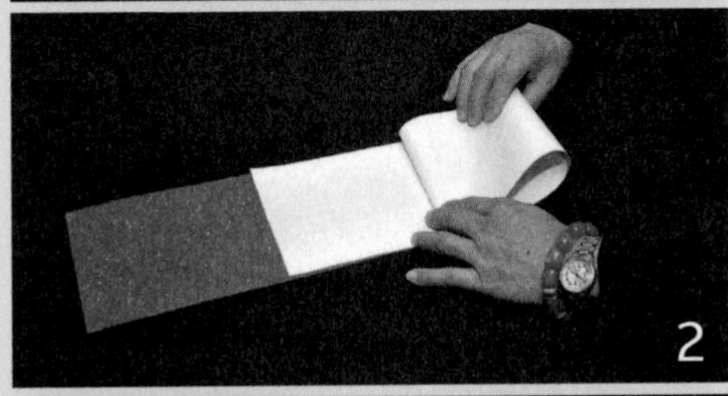

2

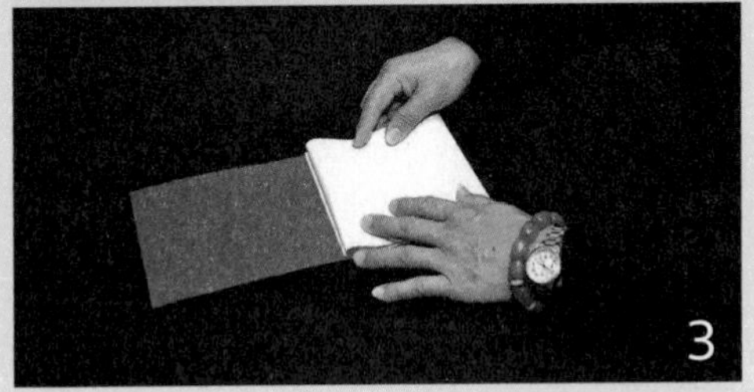

3

一點就通！

摺紙時力道要輕，捏出界線即可。摺出太明顯的摺痕會造成空隙，將不利於春聯的黏貼。美術社也有販賣現成的對聯用紙，通常會用浮水印標出格線，如此就不用摺格子。

題對聯及橫批

1 先寫右聯，依照格線由上到下寫出想要的句子。（圖4）

2 再寫左聯。

3 依照格線由右至左寫出橫批。（圖5）

一點就通！

橫批能為對聯點出主題，具有引申、解釋的目的。一字、二字、三字、四字或多字皆可。這裡示範的七字橫批，好處是省去裁紙的麻煩，還因為與左右對聯字數相等，在視覺上也較為工整。

春條。

單條書寫的春聯稱為春條，從上到下可寫下二到六字不等的吉祥話。春條因為字數少，不需要再摺格子。初學者落筆前得先盤算所要寫的字數，進而調整字的大小，並預留天地空間。

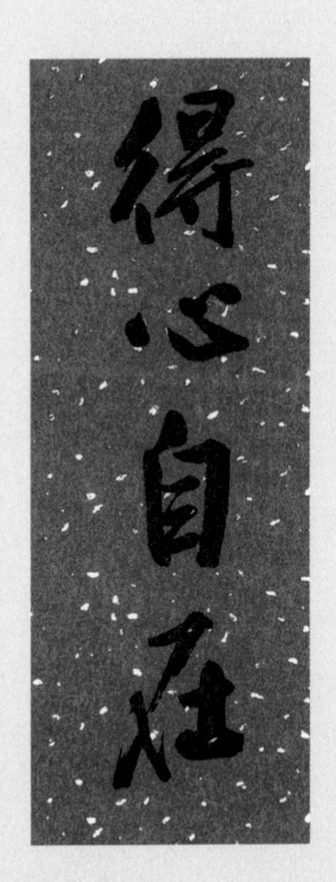

斗方。

斗方也稱作「斗斤」，將正方形紙斜放豎立，尖角向著四邊。然後對準上方的尖角，可寫單字如「春」、「福」、「滿」等，佛教徒則可以寫「慧」、「禪」、「安」等。

創意小春條。

小春條，顧名思義是小於春條的小春聯，可用小楷書寫吉祥話。

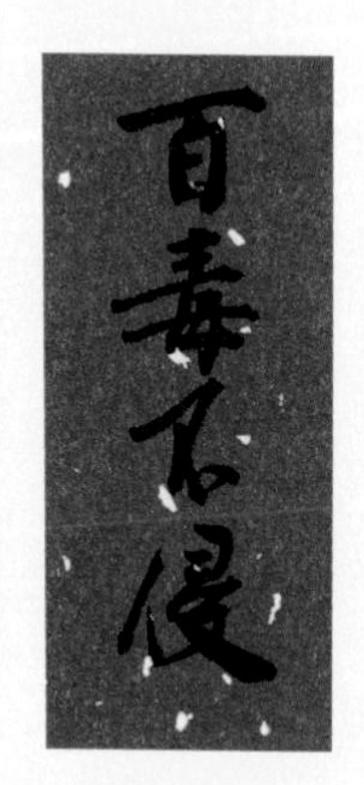

一點就通！

將紅包袋剪開，正好是兩張小春條的面積大小；寫上「百毒不侵」貼在電腦上，「開卷有益」貼在書櫃上，既環保、有趣又實用。

創意春條。

禮佛平安

1 先畫一點圓圈，代表拜佛者頭部。

2 畫出拜佛者匍匐禮拜的模樣，類似「之」字的形狀。（圖1）

3 在圖畫下方依序題上「禮佛平安」四字。（圖2）

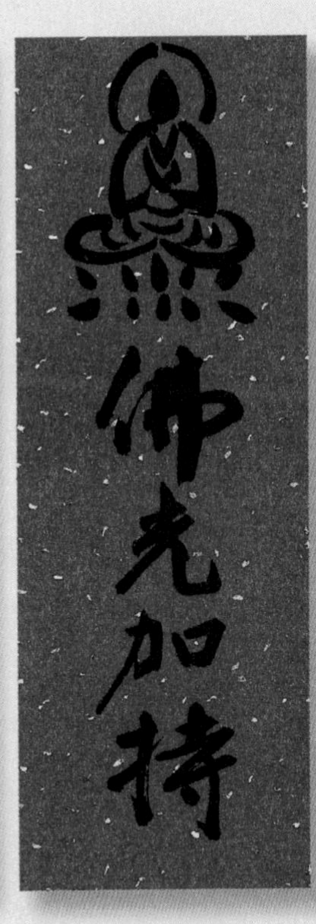

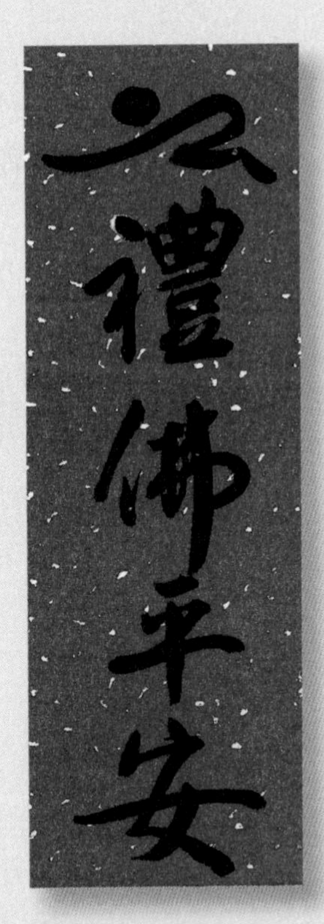

創意春條。

蓮蓮吉祥

1 先畫蓮花中間的花苞。(圖1)

2 在花苞的左右畫上7至8片不等的花瓣。(圖2)

3 從花苞下方，用中鋒筆法畫出長條蓮梗。蓮梗朝右下方畫，留下左方空間以題字，並在蓮梗的下方點上兩點，代表重複。

4 在蓮梗的左方空間題上「吉祥」兩字。(圖3)

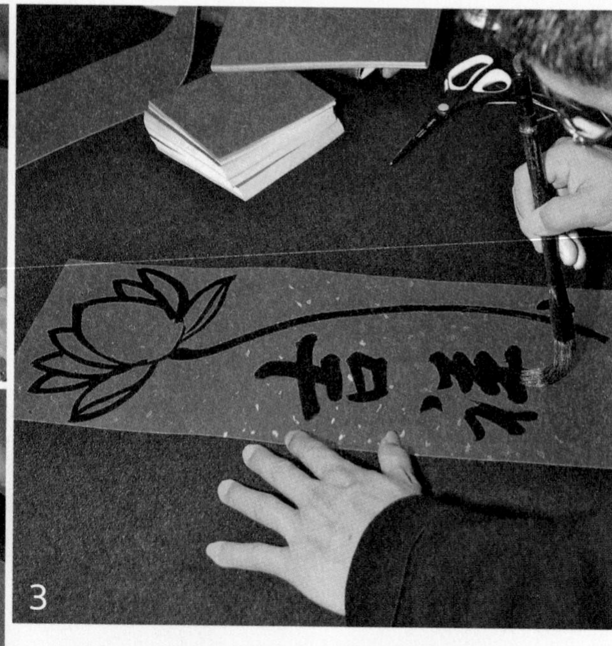

一點就通！

創意春條就是打破傳統春條以字為主的模式，夾雜圖畫以增加趣味。畫圖不需要神似，只要幾筆線條勾出形狀即可。至於要先畫圖還是先寫字，端賴個人寫作的內容與創意，只要畫與字能有所呼應，比例均衡不突兀，都可以大膽嘗試。當然也可以利用同音異義的雙關語來創作，例如畫蓮花代表「年年」，畫魚代表「有餘」，畫紅柿代表「事事」，畫橘子代表「吉祥、吉利」。

創意斗方。

瓶安

1 改用大張的斗方，同樣對準上方的尖角，畫出一個大壺瓶。(圖4)

2 緊接在瓶身兩端畫上提壺的把柄。

3 在瓶內寫上「安」字即可。(圖5)

4

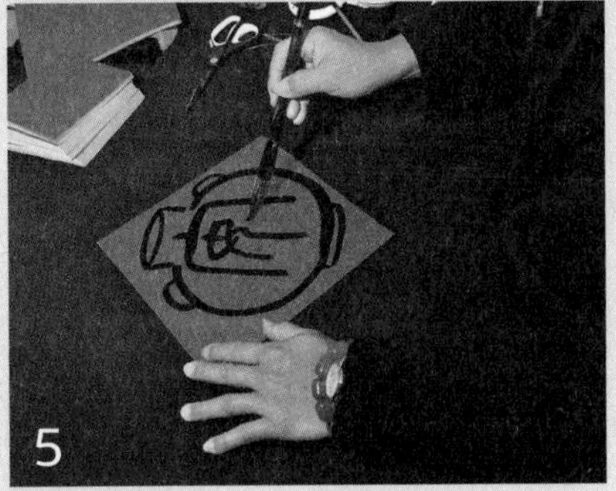
5

一點就通！

小斗方適合寫單字，大斗方就能寫二字以上的字數。傳統合字斗方還將四字成語，例如「招財進寶」、「學好孔孟」組合成一字，把圖畫畫進斗方，可說是合字斗方創意的延伸。

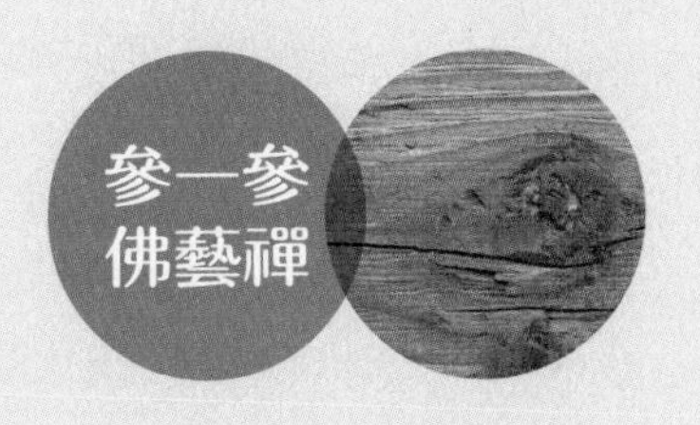

現代生活講求簡單、方便，春聯樣式已不拘形式。對於練書法的人而言，寫春聯，可說是一年工夫的檢視，同時也是與大眾結緣的最佳契機。對一般大眾來說，新年快樂、吉祥如意，句句都是吉祥話，最重要的是春聯包含著我們的祝福，無疑具有向上的力量，也增長了心靈的喜悅。

書法篇——5

摺裝鈔經本

經摺裝幀始於唐朝末年，推測是受印度「貝葉經」影響而產生，是將一幅長卷，沿書文版面間隙，一反一正地摺疊起來，形成長方形的一疊，首、末二頁各加以硬紙的裝幀形式。經摺裝幀的製作過程有部分已現代化，從外表看來像是將整張紙摺疊成本，其實是透過漿糊或膠水黏合而成，還巧妙地在每一頁的內裡留下夾層，方便在鈔經時置入一張廢紙，避免墨汁滲透到另一面。

工具

- 塗漿糊用毛筆
- 白紙
- 綾布（或廢布）
- 厚紙板（封面、封底用）
- 金泥鋪底的花面宣紙（書名籤用）
- 美工刀
- 漿糊
- 尺

製作內頁。

1 將白紙裁成約25×32公分，約需54張（尺寸大小、頁數可依需要自行調整）。

2 將裁好尺寸的白紙，對摺成25×16公分大小的頁面。（圖1）

3 對摺的內頁紙張，可分為山形內頁（Λ）、谷形內頁（V）。不論是山形（Λ）或谷形（V），都像一張卡片分為內側、外側，塗漿糊時要塗在外側的紙面。

1

黏貼內頁。

1 取一張山形內頁（Λ），用毛筆沾漿糊，在外側紙面邊線0.5公分處塗上漿糊。

2 塗漿糊時，可將紙張邊緣約0.5公分處墊上紙板或尺，避免漿糊溢出。（圖1）

3 接著在同一紙面的摺線處塗上漿糊，此時可將紙板放置在摺線痕上。（圖2）

4 取一張谷形內頁（V），與塗有漿糊的山形內頁（Λ），外側對外側黏在一起。（圖3）

5 兩張內頁黏合後，依照摺痕摺疊，自然形成如N的圖樣。（圖4）

6 再取一張谷形內頁（V），在外側紙面的邊線與摺線0.5公分處塗上漿糊，與步驟4的N形內頁，外側對外側黏在一起（不要內側對內側黏，會增加對摺的厚度，使做好的書過於蓬鬆而不夠緊密）。

7 黏合之後，依照摺痕摺疊，就變成W圖樣的內頁。（圖5）

8 重複以上動作，依山形內頁（Λ）對谷形內頁（V）的順序，陸續將第四、第五張等內頁黏貼起來，將所有對摺的內頁貼完，摺疊起來就形成類似手風琴的形式。（圖6）

一點就通！

在塗漿糊的時候，只能塗在紙張的邊線及摺線處。紙張的上方、下方不能塗，如此才能留下夾層縫隙。這是為了手工書完成後，要鈔經時，可在縫隙內夾張報紙，避免墨水滲透到另一面。
影印過的廢紙也可用來做為內頁，但要將素面往內對摺，印過字的紙面是外側，黏合後，印字面就會在夾層中。

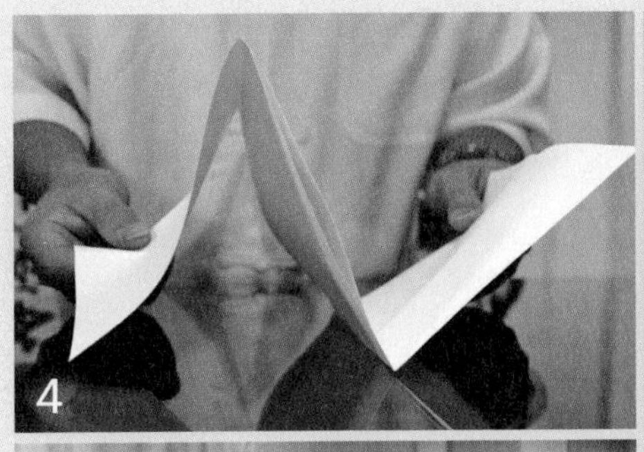

整理內頁。

1　黏合完成的內頁，先靜置一段時間，待漿糊乾後再攤開，用熨斗熨燙每一條摺痕，使紙張與紙張的黏貼處平整。（圖1）

2　將紙張再次摺疊成冊，用熨斗將本子的前後稍加熨燙。

3　攤開內頁，將尺垂直對齊摺痕，用美工刀將天與地裁切整齊。如此裁過的天地才會平直，角度不會偏斜。（圖2）

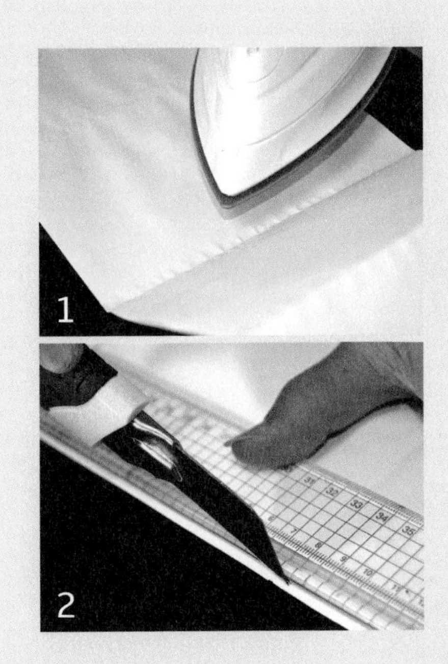

一點就通！

由於內頁紙張都是手工黏貼，前後頁的天地，難免會不齊整。除了用美工刀裁切，也可以將紙張摺疊成冊，用裁紙機把天地裁齊，可讓手工書每張內頁整整齊齊。如果喜歡原本的手作與紙感，就無須計較皺褶或不整齊的問題，呈現自然的手作書質感。

製作書封。

1 以內頁為基準，將厚紙板裁成25×16公分，共兩張，做為書的封面與封底。尺寸可比內頁稍大一些，以避免書封小、書頁大的窘況。

2 以厚紙板為基準，將綾布裁成面積27×18公分大小，共兩張，用來包裹厚紙板，因此長、寬都要比厚紙板多2公分。(圖1)

3 在綾布的中心與四邊塗上漿糊，四邊塗抹的寬度大約0.5至1公分。(圖2)

4 將厚紙板輕壓在綾布上，並將綾布的四邊內摺，黏在厚紙板上。(圖3)

5 黏好後將紙板翻面，整理綾布表面，避免產生皺褶。

6 再翻面，將另一面的厚紙板均勻塗上漿糊，與內頁第一頁外側完全黏合，不留縫隙，就完成一面書封。(圖4)

7 用同樣方式做另一面書封。

一點就通！

綾布中心記得要塗上漿糊，以免布與紙板之間，因空隙而出現皺褶。也要避免塗過多漿糊，因為太多漿糊，乾了後產生的結塊，會使布面凹凸不平。

貼書名籤。

1 取一張有金泥鋪底的花面宣紙，用尺丈量長寬，剪成一條長籤。

2 沾上漿糊貼在封面上，等漿糊凝乾，在籤上題書名即完成。（圖1）

1

作品完成。

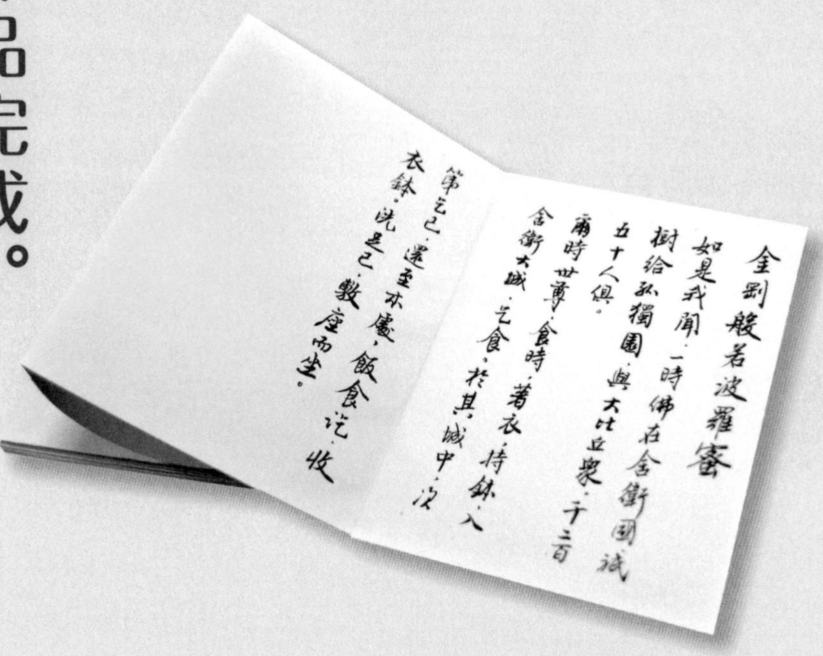

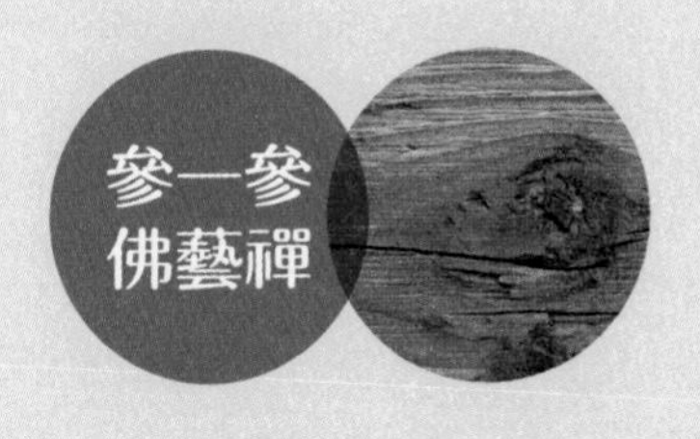

聖嚴法師曾說：「受持、讀、誦、解說、書寫，是修行的五種法門。見經即見法，見法即見佛。」可見鈔經的殊勝。鈔經首重定心，專注不散亂，一筆一畫，隨文入觀，讓佛法句句刻入心田、念之於口、書之於手、注之於心，達到身、口、意三業清淨。自己動手做的鈔經本，更可以讓我們在鈔經時，自然生起對法的恭敬心與精進心。

書法篇 — 6

線裝鈔經本

這裡示範的手工鈔經本，源於宋本式綴訂法，又稱「四針眼法」、「四目綴訂法」，在當時雖是一種較簡單且普遍的裝訂形式，但實際操作起來，裁紙、整頁、穿針、引線……，過程之繁複，恐怕不是現代「打字族」、「滑機族」所能想像，除了體會一本書的完成是多麼不容易之外，也可以試著自我挑戰，做出更耐用、典雅的線裝鈔經本。

工具

- 素面宣紙全開（約69×135公分）
- 有顏色的小張宣紙
- 金泥鋪底的花面宣紙
- 墊板
- 大夾子
- 剪刀
- 美工刀
- 毛線針
- 線（可用較粗的棉線）
- 白膠
- 錐子
- 尺（或三角尺）

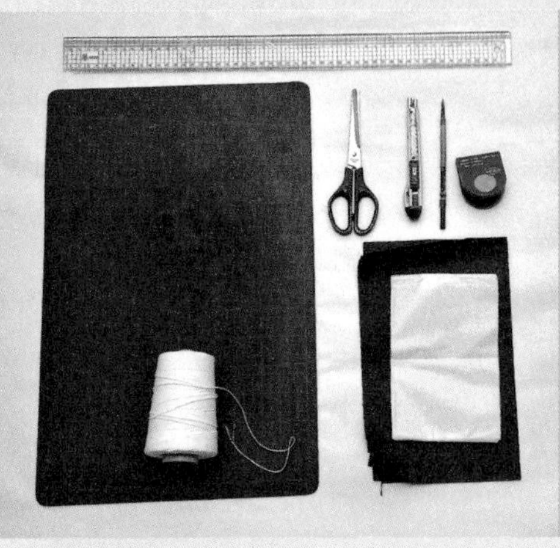

裁紙。

1 將所有的宣紙先用熨斗低溫燙平。

2 **製作內頁：**將素面宣紙裁成約25×32公分大小，約需27至30張。

3 **製作書封：**將有顏色的宣紙也裁成約25×32公分大小的紙張，共2張，做為封面、封底。

整理。

1 將裁好尺寸的宣紙（含封面、封底），對摺成25×16公分大小的頁面。宣紙紙張薄，對摺可增加每頁厚度。宣紙的光滑面較容易書寫，對摺時，光滑面保留在外，粗糙面摺在裡頭。

2 將所有對摺的內頁紙張由下而上堆疊起來，一邊疊紙一邊整理，若紙張有皺褶，可用尺壓平；如果太皺要抽掉，重新裁紙來替代。

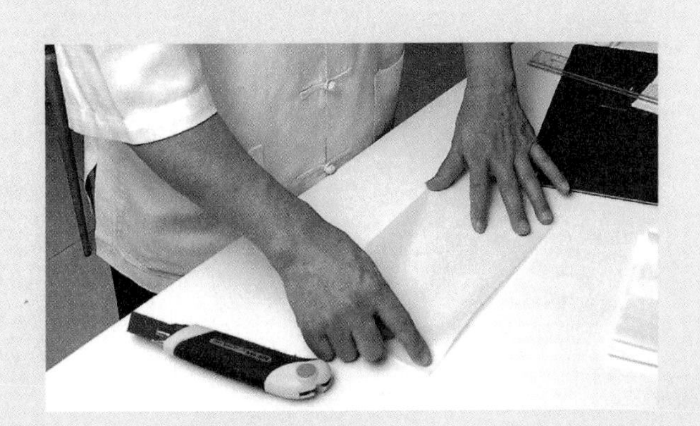

3 以對摺的摺線邊為「開書邊」，另一邊為「書背」，將所有內頁紙張對齊。（圖1）

4 在「開書邊」夾上夾子，避免紙張滑動。此時可再用熨斗，隔著幾頁把較皺的內頁燙平。（圖2）

5 放上封面與封底，再夾起來。（圖3）

上述繁複的作工，可讓手工書每張內頁都整整齊齊，不過，如果喜歡原本的紙感，就無須計較皺褶，呈現自然的手作書質感，這是手工書好玩之處。

裁邊。

1 以「開書邊」為基準，用錐子在「書背」處做記號，做為裁邊的參考點。（圖1）

2 用尺垂直對齊「開書邊」與「書背」處記號，然後用美工刀裁邊。（圖2）

一點就通！

用尺對齊裁過的邊才會直，角度不會偏斜。每頁紙張都是手工剪裁，大小難免不一，因此除了「開書邊」以外，其餘三邊都要裁齊。宣紙特性較軟，不適合用裁紙機。

鑽洞。

1 打開夾子，取下書封及書底，再夾回固定內頁。

2 用錐子在靠近「書背」處鑽兩個洞，鑽洞的位置與紙緣距離不超過1公分，兩個洞的位置，在天（上方）地（下方）之間，將頁面平均隔成三等分。（圖1）

上紙釘。

1 將剩下的宣紙，剪成兩條約0.5公分寬的長條狀紙條，搓成牙籤般的紙釘。分別將兩根紙釘鑽進洞裡，並穿出洞外，書背兩側各保留1公分左右的紙釘，多餘的剪掉。（圖1）

2 將留在洞外的紙釘轉開，塗上白膠貼在書頁上，以固定書本。（圖2）

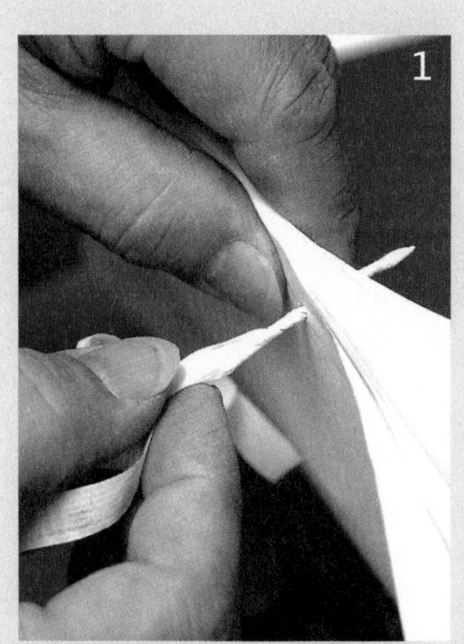

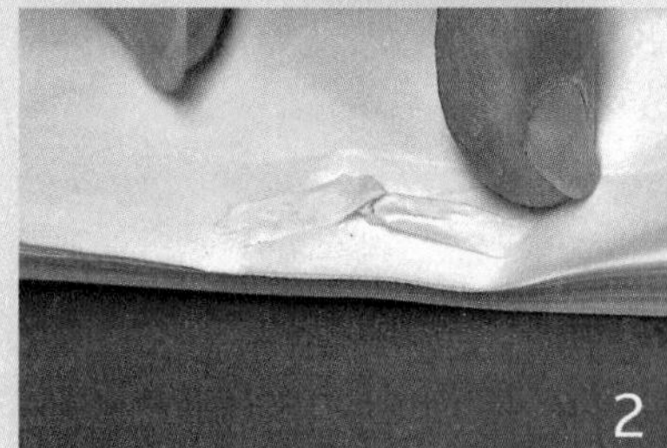

一點就通！

老祖宗發明的宣紙雖薄，卻非常堅固，做成的紙釘，可牢牢固定整本書，即使外面的縫線斷了，也不會馬上散裂，而能夠重新縫補。

包書角。

1 將剩餘的封面宣紙，裁成4×3公分的小紙，共2張，用來包裹書背的上、下角。（圖1）

2 將小紙對摺成4×1.5公分，塗上白膠，2張紙分別套貼在「書背」的上角及下角，保留部分面積在角外。

3 將留在書角外的紙剪去一角，掀開呈現一塊梯形的小截角。再將小截角翻摺包裹貼緊書角。（圖2）

一點就通！

包書角非常重要，線裝書都是先從書角開始受損。可用綾布來替代，更為耐用。

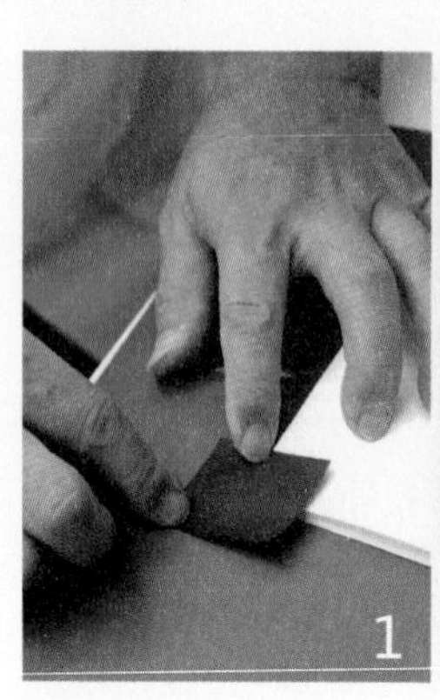

1

2

鑽眼。

1 打開夾子，將書封與書底放回，夾回夾子。

2 將封面用紙的「書背」端，往外摺大約1至1.5公分左右的寬度，也可再摺寬一些，如此書冊裝訂後，書封才能將內頁的紙釘、包書角的地方遮蓋。

3 沿著剛摺的摺線，用錐子從上到下鑽四個洞。四個洞彼此之間與天地的距離，比例約為1：2：2：2：1，或可視書冊開本稍加調整。本次示範的手工書各洞距離，約為3、6、6、6、3公分。鑽洞不宜過小，否則不利於穿針引線。也不要過大，否則裝訂會不牢固。（圖1）

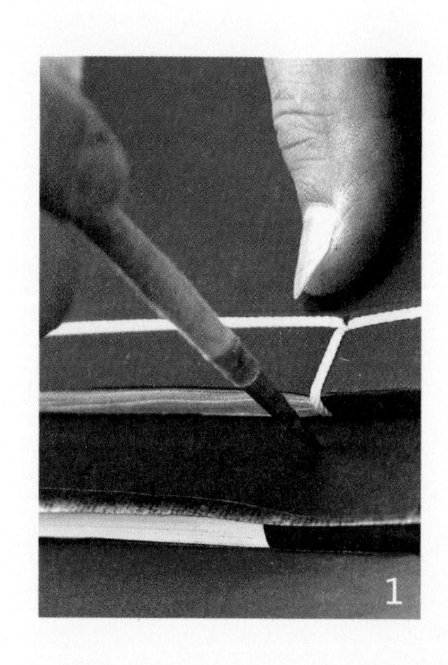

1

穿針引線。

1 以線穿針，穿過針頭的線保留約10公分線頭，另一端的線繩長度約書背的三倍長（約75公分）。

2 將針線從書封第一洞穿入，從書底第一洞穿出，線繩向右繞過天再穿入書封第一洞，從書底第一洞穿出。（圖：示意1）

3 針線從書底第一洞穿出後往左拉，穿入書底第二洞，從書封第二洞穿出。

4 針線從書封第二洞穿出後往左拉，穿入書封第三洞，從書底第三洞穿出。

5 針線從書底第三洞穿出後往左拉，穿入書底第四洞，從書封第四洞穿出。

6 針線從書封第四洞穿出後往左拉，線繩向左繞過地再穿入書底第四洞，從書封第四洞穿出。（圖：示意2）

7 針線從書封第四洞穿出後，繞過書背一圈，穿入書底第四洞，從書封第四洞穿出。

8 針線從書封第四洞穿出後往右拉，穿入書封第三洞，從書底第三洞穿出。（圖：示意3）

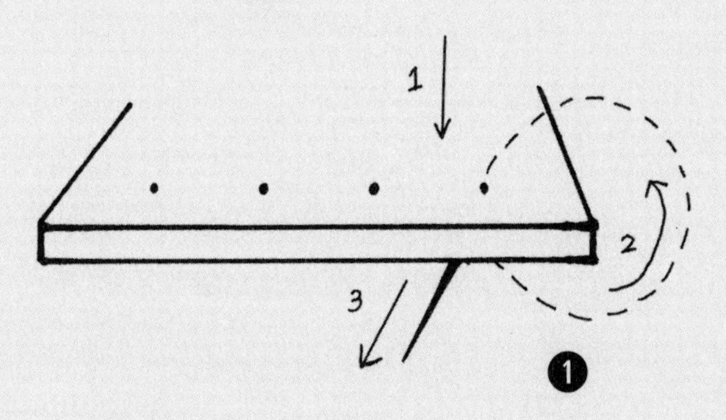

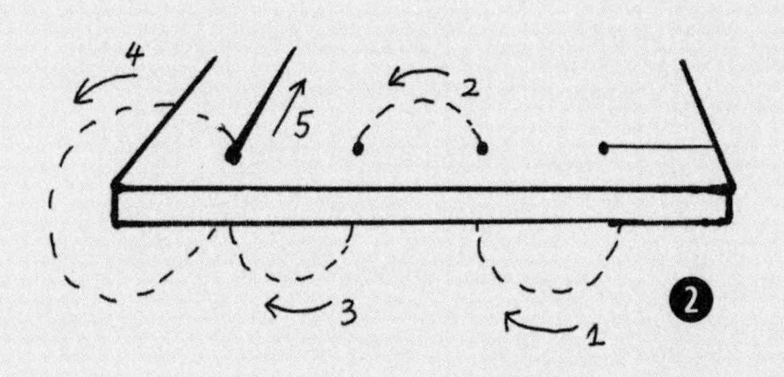

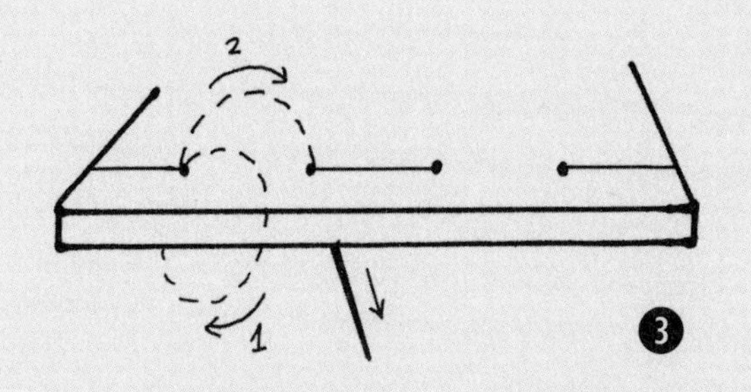

9　針線從書底第三洞穿出後，繞過書背一圈，穿入書封第三洞，從書底第三洞穿出。

10　針線從書底第三洞穿出後往右拉，穿入書底第二洞，從書封第二洞穿出。（圖：示意4）

11　針線從書封第二洞穿出後，繞過書背一圈，穿入書底第二洞，從書封第二洞穿出。

12　針線從書封第二洞穿出後往右拉，穿入書封第一洞，從書底第一洞穿出。（圖：示意5）

13　針線從書底第一洞穿出後，繞過書背一圈，穿入書封第一洞。穿線步驟至此大致完成。注意，在穿線時，要不時理線、拉線，避免糾纏。但也不能拉得太緊，以免破壞頁面。（圖：示意6）

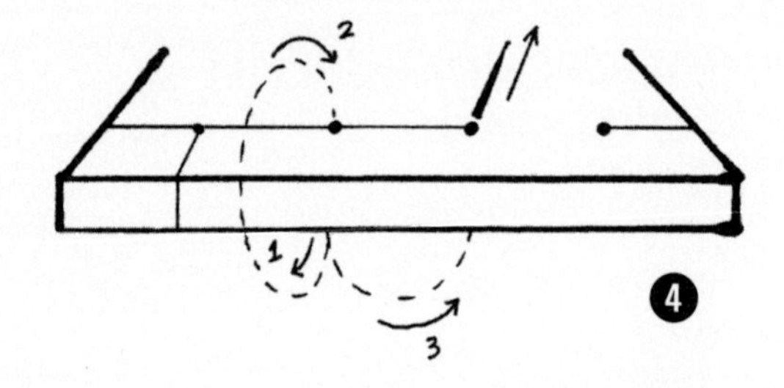

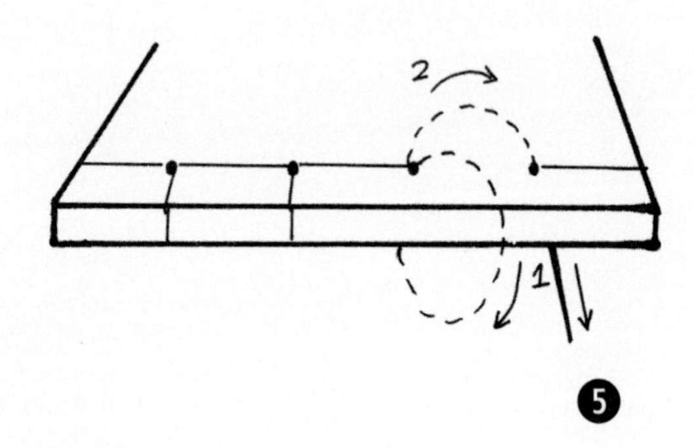

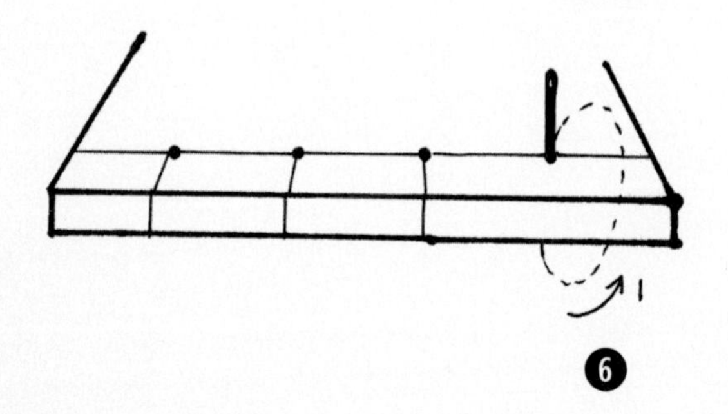

收線。

1 穿入書封第一洞的針，從書冊中間，約一半頁數處穿出。(圖1)

2 穿出的針剪去線繩，保留約5公分左右線頭，準備打結。

3 翻回書封，把連在縫線軸的線尾剪斷，同樣不要剪太短，預留兩根針的長度方便穿針。

4 將線尾穿針繞過書背，穿入書底第一洞，與線頭一樣從書冊中間穿出。

5 將線頭、線尾打結固定，剪掉多餘的線繩，將繩結及線頭塞進兩頁間的縫隙。注意，每一次取出、放回書封、書底的步驟後，夾子必須再夾回固定在開書邊，直到縫線收尾時才取下夾子。(圖2)

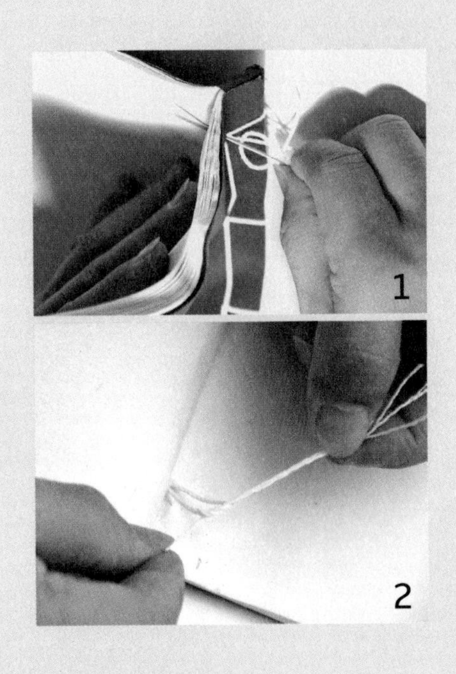

貼書名籤。

1 拿一張有金泥鋪底的花面宣紙，用尺丈量長寬並剪成一長籤。(圖1)

2 沾上白膠貼在封面上，最後再用熨斗燙平即完成。(圖2)

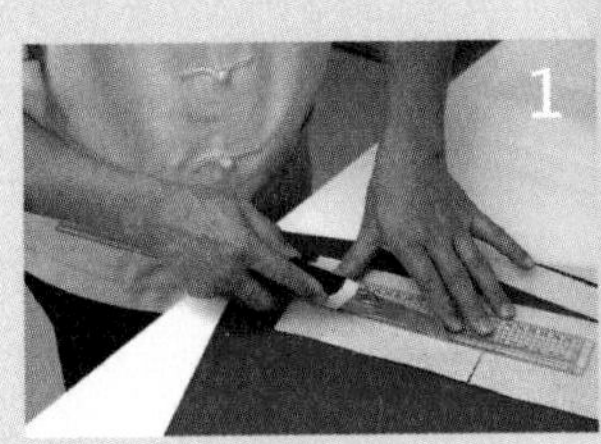

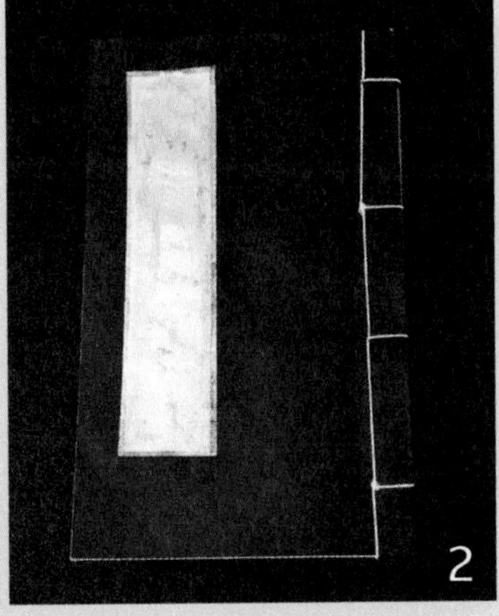

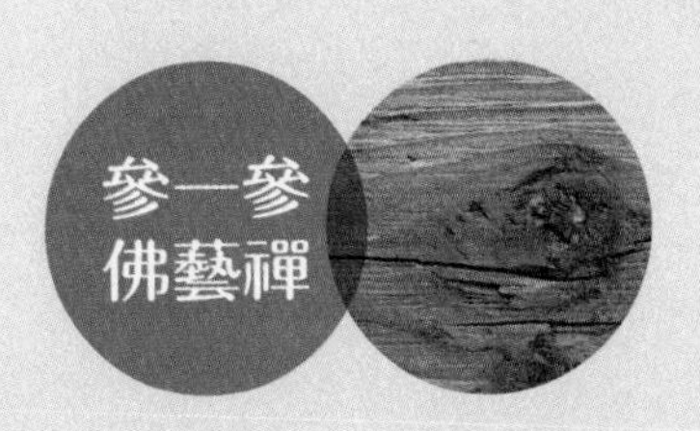

鈔經是定靜工夫，講求精神的統一與專注，此時此刻的起心動念，更是清楚易見。其實，妄念來了，只管鈔經，安住在閱讀、念誦、書寫當中，心回到當下的每個動作，漸漸就能對治散亂，寫出自在輕安。若能時常用自己動手做的手工線裝書來鈔經，更能生起菩提心。

簡單的拓印

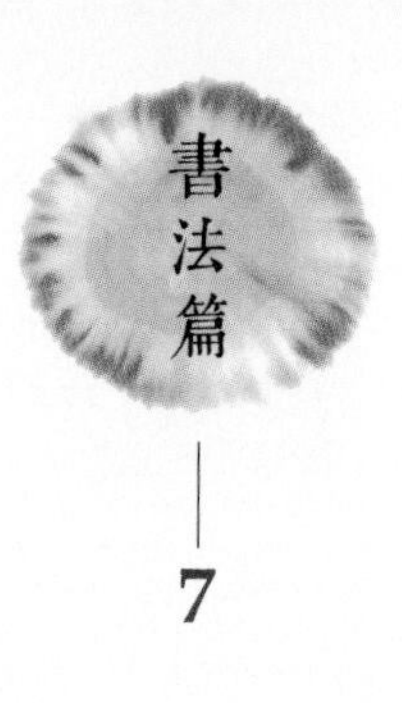

—7

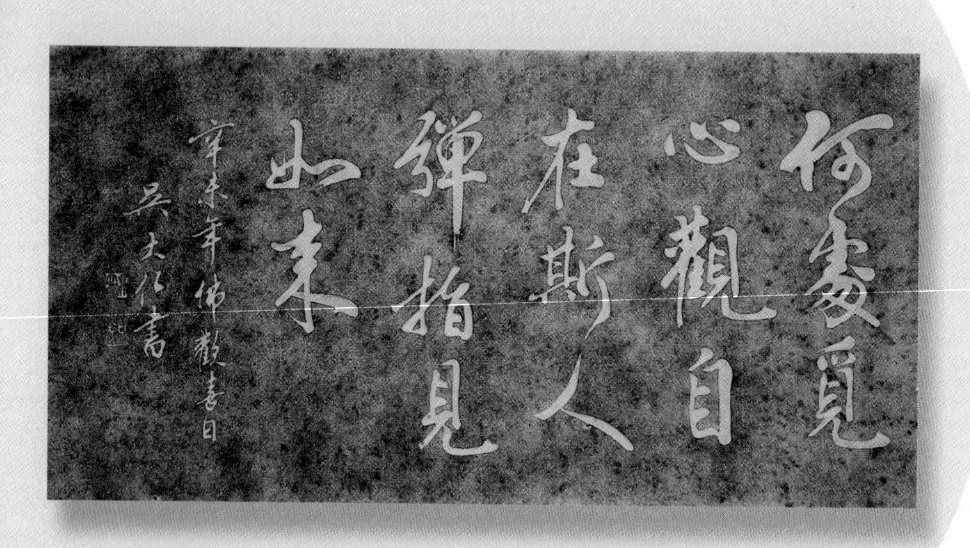

對書法家而言，好的拓碑是臨書學字的必備途徑，儘管只看碑上文字，只能得到點畫位置，無法像墨跡真本一般，可體會墨的濃淡潤燥，筆法神韻；但在印刷術尚未發達的古代，好的拓刻本仍具有舉足輕重的地位，也因此，好的拓碑講究的是將字跡的每一筆畫都能拓印清晰。臺灣許多廟宇、學校、公共場所都立有石碑，可先向主管單位洽詢。

工具

- 白芨水（水、白芨粉）
- 拓包（素布、醫用脫脂棉花、橡皮筋）
- 宣紙
- 墨汁
- 硯台（或盤子）
- 油漆刷
- 鬃毛刷（裱畫專用）

準備工作。

1 **調配白芨水：**白芨水的黏性類似漿糊，可將拓印的紙黏貼在碑上，卻不會黏死而容易撕下。可到中藥店買止血用的白芨粉，大約一把粉的抓量，用500至700cc的水來溶解。最好前一晚就預先泡水，才能把凝固的顆粒溶解，否則就得用抹布過濾顆粒。顆粒不但會阻塞碑上的字跡，也會在拓拍時產生痕跡。

2 **製作拓包：**用素布將棉花包裹起來綁上橡皮筋即可。

一點就通！

拓包的布面紋路不要太明顯，以免拓印時留下痕跡。包裹的棉花要整理，保持柔軟與彈性，硬邦邦的拓包拓出來的墨印既不清晰也不柔美。底層棉花要平順，避免凹凸不平有顆粒。
拓包的功能是沾墨汁，並將墨汁打印在紙上，共有母包、子包兩種。母包用來沾墨汁，子包則不直接沾墨汁，經由沾抹母包上的墨汁來進行拓印，以免沾太多墨汁而糊成一片。
使用過的素布可洗滌重複使用。至於棉花，由於母包不用來拓拍紙面，因此髒了可重複使用。子包因為直接拓拍，內部的棉花髒了必須在最底層墊上一層乾淨、整理過的棉花。

鋪紙。

1 **整理碑面：**在戶外，陰雨天固然不能拓，但遇上連日無雨的大晴天，因石碑日曬過久，碑面太乾，容易將紙上的白芨水吸走，拓印之前應先灑水令石碑較為濕潤。隨後將碑面清理乾淨，在不破壞碑面的前提下，除去表面的灰塵與雜物。

2 將宣紙的細緻面朝上，平鋪在碑面上，如果是立面石碑可請他人幫忙扶紙，然後再用白芨水進行刷拭。（圖1）

一點就通！

拓印是先把水刷在石碑上，但如果白芨水沒處理好，久而久之會塞住字跡線條。其實宣紙很薄，容易滲透，將紙鋪上後再刷白芨水，也可達到黏貼效果。

刷白芨水。

1 固定紙張，在碑面上用油漆刷將白芨水刷上。首先，從紙面右側中心點，距離紙緣10公分處，由左向右往外刷出第一筆，第二筆則從第一筆的上緣，向上刷出，第三筆則從下緣，向下刷出。連續三筆，正好刷出一行直線，如此紙張就能固定在碑上。（圖1）

2 第一行直線固定紙張後，第二行開始就是正式刷拭。每一行的第一筆都從紙面中間開始，但改由右向左刷拭約10公分，其餘二、三筆分別從第一筆上、下線向外刷出，每行三筆，一行一行將整張紙刷過。（圖2）

一點就通！

刷拭的原則是由內向外，如此才能將空氣刷出去，不讓氣泡停留在紙與碑面中間。此外整張紙每一角落都要刷拭，除非是有些位置有大氣泡，否則要避免重複刷拭，以免造成紙張破裂、起棉絮而影響拓印。

拍鬃刷。

1 再拿一張宣紙覆蓋在刷過的紙面上。覆蓋時一手扶著紙張，另一手則稍微調整，使其對準第一層的紙張，然後順勢慢慢放紙，避免空氣留在兩層紙中間。第二張紙的作用是吸乾第一張紙上的水分，放紙時不用考慮正反面，紙張上有些許破洞、皺褶也無妨。（圖1）

2 以上下垂直的角度，將鬃刷往下輕拍。如此不但能加強吸水，還能讓石碑上的字跡清楚浮現，因此每個字的筆畫都要拍到。主文拍完還要記得拍打落款及印章處。最好一個字接著一個字照順序拍刷，才不會亂掉。因為有第二張紙的保護，不須擔心紙張破掉。（圖2）

3 拍刷完後再將第二張紙往上拉開。拉開的動作要輕慢，另一隻手則要按住第一張紙，避免也拉了起來。第二張紙拉破了也沒關係，只要沒破到殘缺不全，按照宣紙特色，乾了後還能繼續作畫寫字。

4 拉開後可進行第二次拍打作為補強，但力道要更輕，更加小心，免得把碑面上的紙弄破。

1

2

一點就通！

在拍完鬃刷後，取下第二張紙之前，可以先用沾過墨水的子包，在第二張紙上輕輕撫刷幾下。如此取下的紙張，就會刷上一層淺薄的墨印，而且會將石碑上的字，若隱若現地輕拓在紙上。如此，就變成一張市面買不到，有印跡襯底的宣紙，可以拿來書寫作畫，增加作品的層次美感。（圖3）

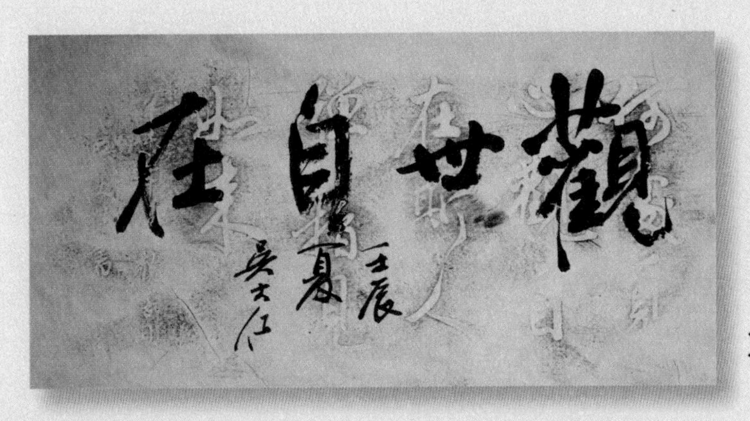

3

拓包拓印。

1　用母包沾墨汁，然後將母包與子包相對進行磨、拍，使母包的墨汁均勻抹擦在子包上。（圖1）

2　找一張廢紙，用子包拍打測試，若拍出來只有些許的墨跡，而非大塊的墨漬，表示子包可進行拍拓。

3　用子包從外圍輕輕往內拍拓，拍打的面積不用太大，一個字接著一個字拍打，每字拍拓不超過三次，這樣墨色才能深淺如一。（圖2）

4　如果拍拓時產生一粒一粒像補釘的墨跡，表示子包內的棉花有結塊，沒有鋪平，要重新打開整理，去除結塊。

5　拓完後可就紙張較淺白部分，再進行補拍修飾。通常沾一次墨汁，可將全部的碑文拓拍一遍，整個拓碑過程，大概拓拍兩遍。除非想拓出烏黑的作品，讓字跡產生更清晰的深淺，才進行第三次拓拍。

一點就通！

在拓印時，因為紙是濕的，墨汁如果太多會暈開。此時要觀察紙的濕度，太濕，紙會破；太乾，則墨汁不容易吸進紙裡。當紙張出現白色痕跡，看不到底部的碑，表示這部分快乾了，可由此開始先拓。一般來說，周圍乾的速度會比中間來得快。其實，拓碑就是跟時間賽跑，宣紙乾的速度快，若紙快乾時，拓印宜加快動作，並加重力道，將子包的墨汁釋出。

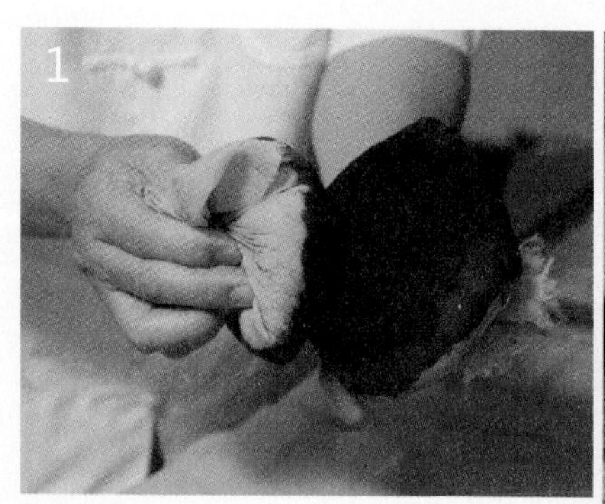
1

2

取下拓印紙。

拓印完成後將紙取下，即完成拓碑。

一點就通！

現代石碑多半用機器刻鑿，稜角銳利，取下時要小心嵌進字槽的部分。動作要輕、慢，以免將紙撕破。可抖一抖紙，更容易取下。若不趕時間，可讓紙自然風乾後再取下，當紙張四角有一角翹起時，就可取下。自然乾的好處是，取下來的紙張較平整，不容易起皺褶。

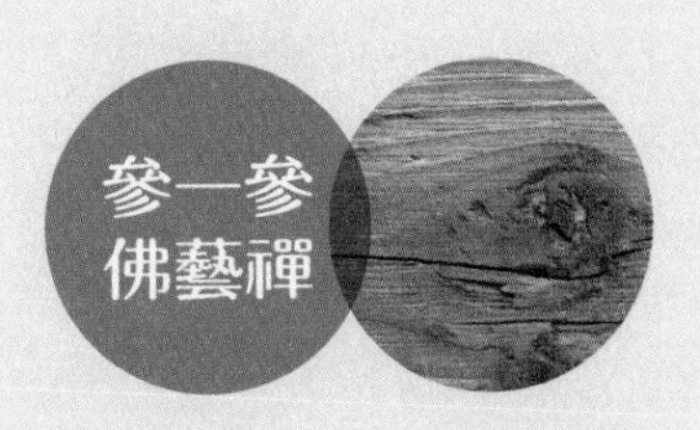

參一參
佛藝禪

碑是指人為豎立的石塊，通常刻有文字，具有記載事件、指示里程及紀念等用途。而拓碑（又稱捶碑），以手椎印碑文於紙上，具有廣泛流通的效果。拓碑的過程，需要跟時間賽跑，另一方面卻又要有耐心，很多動作需要輕、慢，集中精神、全神貫注，是培養耐心與練習專注的一門功課。不過我們要記得，在完成之後用濕抹布將石碑清理乾淨，做個有公德心的拓碑人。

水墨

chapter 2

篇

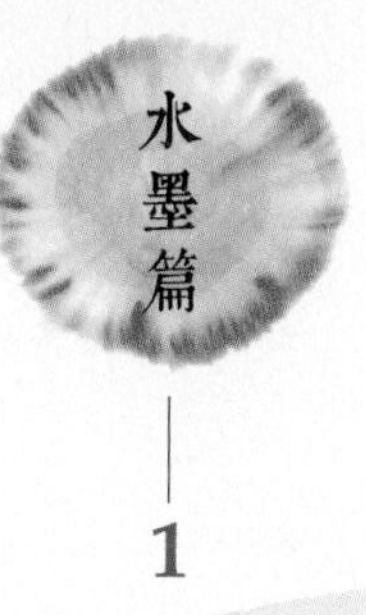

—1

脱俗的蓮花

國畫是書畫同源，其工具也離不開「筆墨紙硯」。畫家張大千便強調畫蓮花一定要會書法，而且行、草、隸、篆樣樣都要會。蓮花的花瓣雅潔脫俗，畫時要用不拖泥帶水的楷書；蓮梗蒼勁挺拔，要用鏗鏘有力的篆書；至於舒卷飛舞的蓮葉，則用行如流水的行草來呈現。

工具

- 長鋒筆（或長流筆）
- 中鋒筆和短鋒筆各1枝
- 墨汁
- 國畫顏料（白色、牡丹紅、黃藤、花青、胭脂紅）
- 宣紙
- 紙鎮
- 洗筆用小水缸
- 調色用小碟子數個

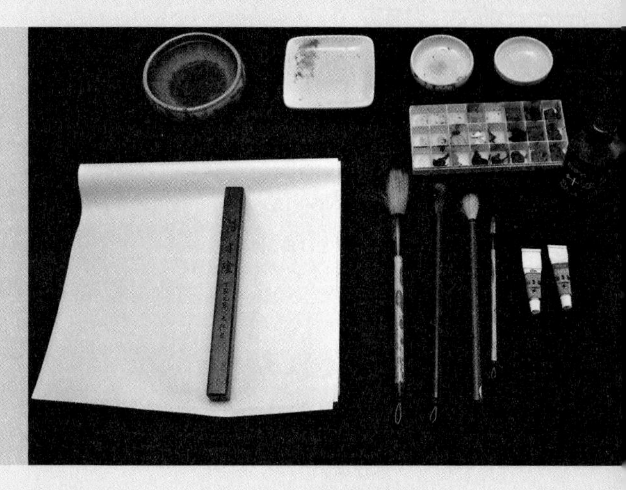

花瓣基礎筆法。

左半邊

1. 先用中鋒筆沾白色顏料，筆鋒全部要沾抹均勻，再用筆尖沾染牡丹紅顏料。如此，就能畫出紅色花尖、白色花根，有色彩層次的花瓣。（圖1）

2. 如永字八法的「仰橫」，由左往右，帶點弧度地刷出第一筆。（圖2）

1

2

一點就通！

畫蓮花瓣時，執筆的手要盡量傾倒，手愈傾，筆腹接觸面積愈大，畫出來的蓮花瓣也愈大。左半邊可畫3到4片花瓣，筆法大致相同。可分別以由上往下、左上到右下、由左至右的落筆角度，畫出上中下不同的花瓣。

初學者會認為每一筆畫起來都不一樣，但天下本來就沒有一片花瓣是一樣，只要呈現的角度不至於不協調即可。

正面

1 重新調色，正面的花瓣離觀看位置較近，牡丹紅的顏色要加深一點。

2 像寫「儿」字一樣，先向左再向右刷出，也像畫八字鬍，按下去以後就往上一挑。(圖3)

3

右橫瓣

1 處理右橫瓣，要順著書法橫畫的筆勢，先從左到右畫出一橫，筆畫不要太粗，也不要太直，帶點稍稍上揚的微笑曲線。(圖4)

2 將筆尖落在橫畫的左端，將筆腹壓下去，沿著剛剛的曲線向右刷出，當筆快刷到曲線中間時，稍稍往上一提、一按，形成小小的波浪弧度，讓筆腹在紙上刷出厚實的花瓣。

3 收尾時將筆提起，讓筆尖來到曲線的右端。(圖5)

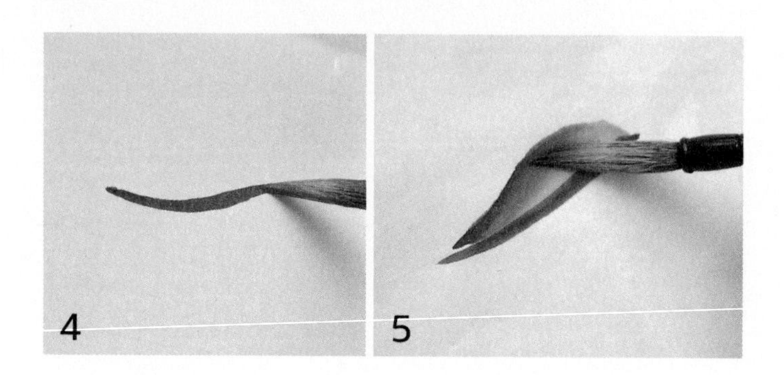
4 5

右半邊

1 有如永字八法的「斜撇」，筆尖從右上方落筆，將筆腹壓下，順勢往左下方一撇。(圖6)

2 右半邊筆畫較細，可在這一筆的左側，用筆尖補上一筆，以加強花瓣的厚度。

3 將左右上部的筆法結合，就是一朵含苞待放的蓮花。(圖7)

6 7

一點就通！

「永」一個字就包括了八種筆法，自古至今就是書法家練習運筆的基本技法，依照筆畫順序分別為：點、橫、豎、勾、仰橫、撇、斜撇、捺（口訣為：側、勒、努、趯、策、掠、啄、磔）。其實練熟基本筆畫後，每個人都可以延伸運用，揮灑屬於自己風格的書畫，無須過度拘泥筆法。

正式畫作。

畫花瓣

學會了花瓣的各種畫法，可照上面順序，畫出蓮花雛形。原則上除了正面與右橫瓣只有固定一片之外，其餘左右邊的花瓣，差不多是3到4片不等，千萬不要兩邊數量對等，會十分呆板。

左右兩邊的花瓣，可從下片花瓣先下手，如此其他花瓣的位置對應較明顯。從視覺角度來看，愈上方的花瓣位置最遠，墨色要淡，下筆力道要輕。

畫蓮蓬

1 洗筆後，繼續用中鋒筆沾上黃色藤黃。

2 在蓮花中間畫上蓮蓬，有如永字八法的「點」，但筆勢稍平，先將整隻筆腹壓下，然後用力往下短短一刷即可。(圖1)

3 換短鋒筆，沾上胭脂紅顏料(或用牡丹紅與墨汁調重成暗紅色)。

4 先點出蓮蓬上的蓮子。其次在蓮蓬附近，由上往下，由左往右勾出數筆花蕊。力道上要重筆下，收筆輕，柔中帶剛。(圖2)

勾勒花脈花形

1 洗筆，沾上白色顏料，在每一片花瓣上，由上往下，由左往右勾出花脈。

2 筆尖沾上胭脂紅，在每一片花瓣尖端，加強勾勒出花形。(圖3)

畫花莖

1 換長鋒筆沾上墨汁，可與花青調成墨綠色。

2 將筆尖壓平，壓成如銼刀一般(也可直接用手捏平)。隨後在筆鋒的兩側，再沾點一次墨汁，使其相對於中間更為深黑。(圖4)

3 用中鋒筆法，從蓮花中間，一口氣畫下。(圖5)

4 當花莖的墨汁乾時，用中鋒或短鋒筆，塗上較深、濃的墨汁，在莖上錯雜的點出刺來，如此，就完成一朵蓮花。(圖6)

5 可依照上面步驟，在旁邊畫上一到二株含苞待放的蓮花做為陪襯。

一點就通！

用中鋒筆法畫花莖時，可如永字八法的「豎」，筆鋒用力而不轉，但又不宜過直，就順勢用力而下。因左右已加重墨汁，中間自然會有刷白的漸層。這一筆要長而有力，最好起身作畫較為適宜。

畫蓮葉

1　換長鋒筆沾染墨汁，可加上花青調色。為了營造潑墨氣勢，水分可多一點。

2　用側鋒筆法，將整枝筆腹壓下去，由右上往左下刷過，然後筆不離紙，往回刷到落筆處，像英文小寫「m」一樣，重複一下一上地刷出5至6筆，刷到墨水變淡為止，形成像雨傘的樣子。（圖7）

3　用剩餘的墨汁，在頂端勾出兩撇，像寶蓋的樣子。（圖8）

4　最後用長鋒筆為蓮葉畫上葉柄，並用短鋒筆勾、點出葉脈及梗刺。（圖9）

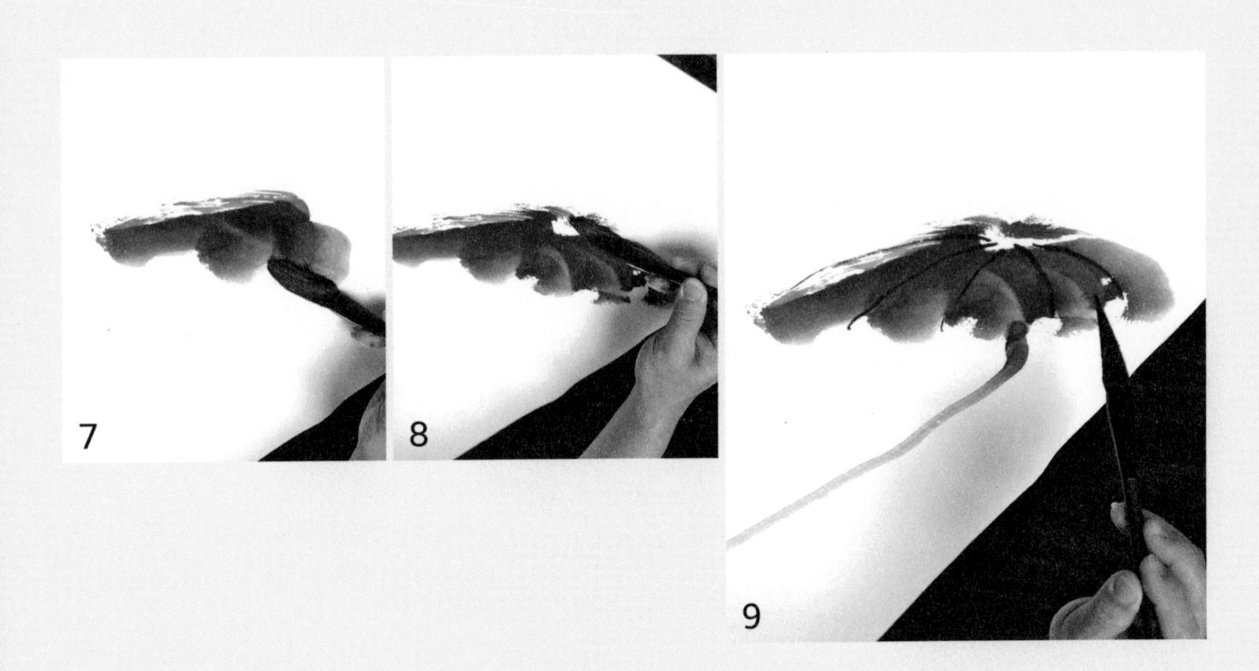

北宋理學家周敦頤，在〈愛蓮說〉寫下膾炙人口的名句：「出淤泥而不染，濯清漣而不妖。」使蓮花清淨的形象深植人心。事實上，以佛教的角度來看，淤泥之於蓮花，就像是煩惱之於菩提，勉勵我們能不畏生命的困境，從中攝取養分，開出智慧的花朵。如果能經常賞畫蓮花，相信在一筆一畫之間，慢慢地就能感受到蓮花的平靜、不染與無爭，也是沉澱心靈的好方法。

水墨篇 — 2

挺拔的青松

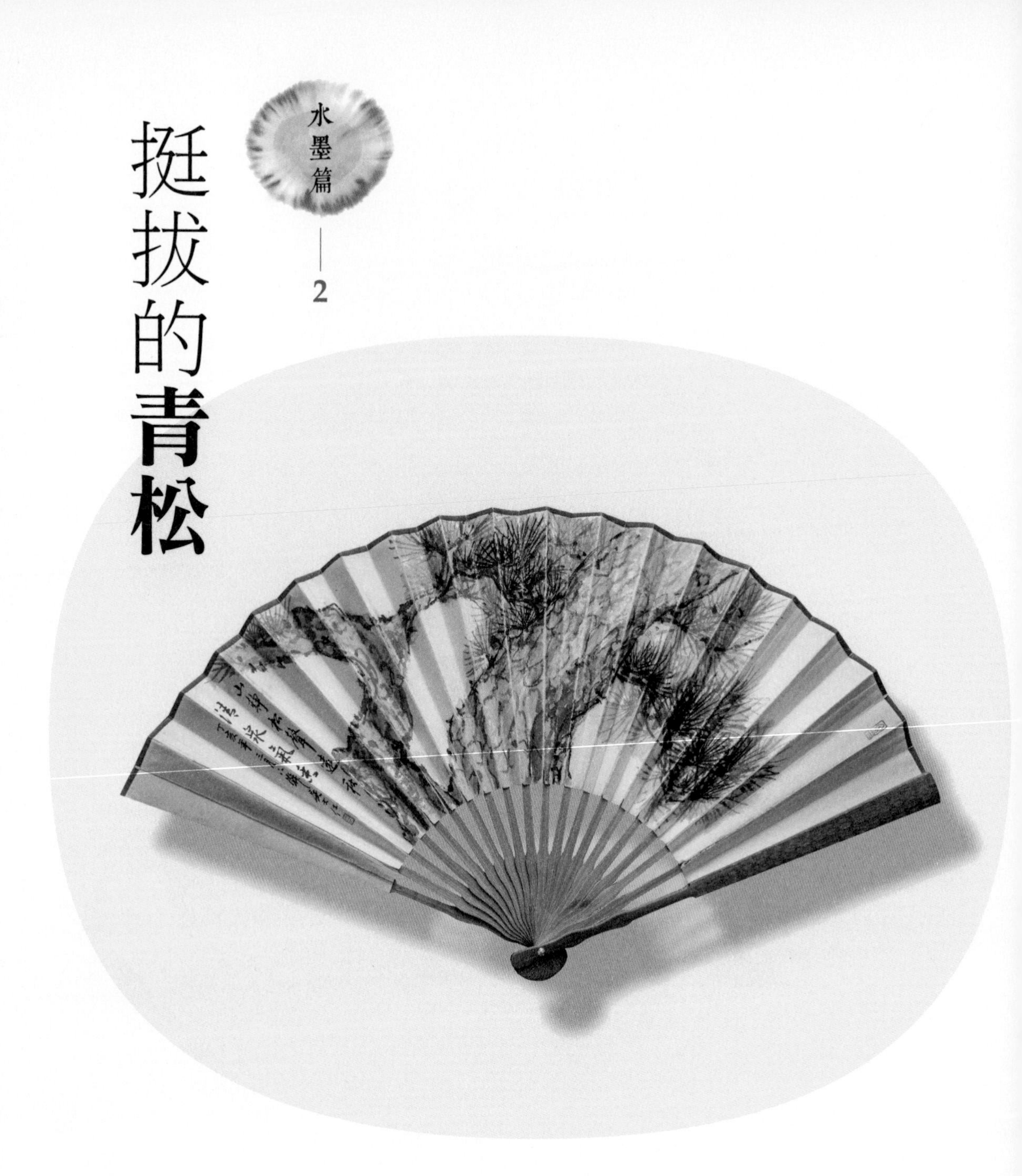

雖然松樹的畫法，屬於寫意的水墨畫，但從松針的一筆一筆勾勒，到苔蘚、松花的點出及上色，不難發現畫松也要講究「細節」，再再考驗初學者的心思與耐性。除了團扇之外，摺扇的橫向扇形，也很適合畫枝椏茂盛、蜿蜒向上，如龍騰橫空的老松之姿。不過摺扇成本高，初學者應先行在宣紙上反覆練習，然後循序漸進在團扇、摺扇上作畫。

工具

- 小楷筆數枝
- 山馬筆（或中楷筆）1枝
- 墨汁
- 國畫顏料（赭石、花青、三綠、焦茶、翡翠綠）
- 團扇（可於美術行購得）
- 洗筆用小水缸
- 調色用小碟子數個

畫松基礎筆法。

樹幹

1 小楷筆沾墨，像水彩一樣，用筆腹抹出樹幹的線條。（圖1）

2 在畫樹幹的同時，順勢畫圈圈，勾勒出松的表面紋理，圈圈可拉長一點。（圖2）

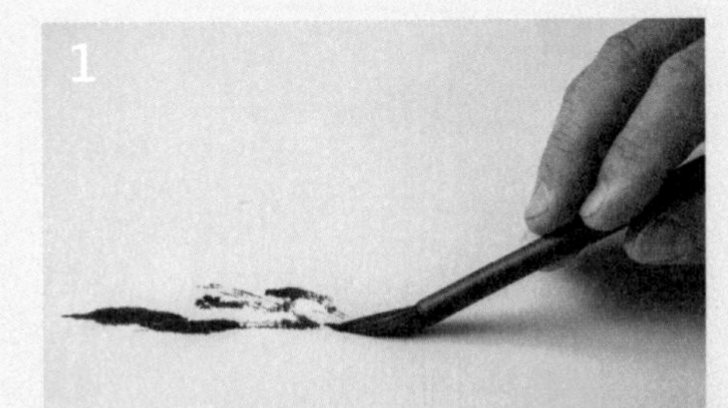

樹枝

1 改用筆尖，如永字八法的「橫」畫，先往下壓點然後往右橫畫出去，這一筆要鏗鏘有力。（圖3）

2 這一筆雖是橫畫，但並非筆直的一條線，而是像草書一般，有粗有細，有大有小，並向上、向下做不規則的轉折，最後由筆尖收筆。根據毛筆的特點，這一筆刷去，自然會有深淺濃淡，以及留白的部分，不用刻意修補，也不要將留白處塗滿。（圖4）

松針

1 用筆尖由外向內，或由內向外，畫出一片扇形，一片扇形代表一片松針。（圖5）

2 初學者畫松針，可以一片、兩片、三片的自由搭配。例如一片扇形就像一個「口」字，兩片扇形畫在一起就如同「口口」，三片就像「品」字。扇形的搭配可以靠攏、交疊，讓扇形內的松針彼此交叉。（圖6）

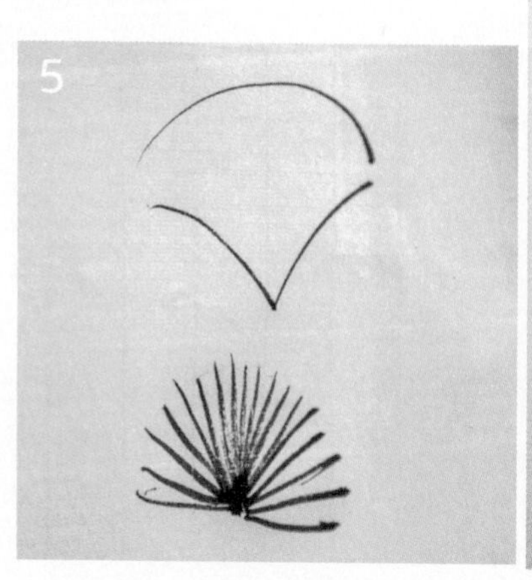

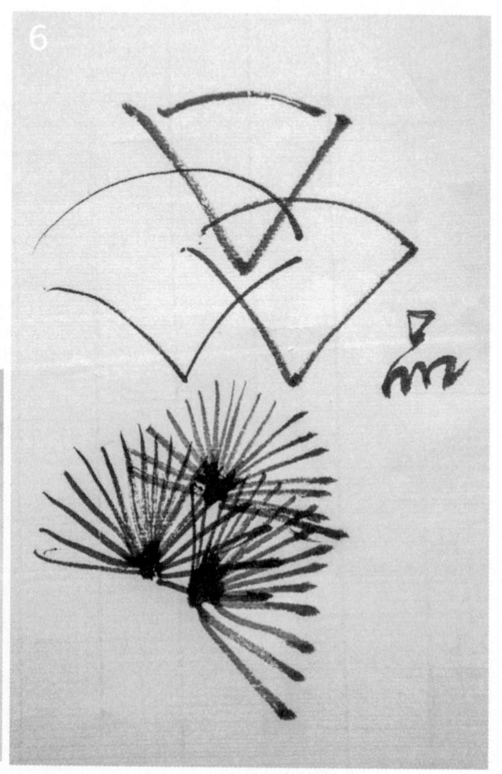

團扇底圖繪製。

1　素面團扇有適合題字的白色面，以及適合作畫的黃色宣紙面。先把黃色的一面向上，畫出樹幹，並處理樹的表皮紋路。（圖1）

2　從松樹幹上向外畫出樹枝。樹枝要上下分開，避免打結，擠壓到畫面。樹枝要有長有短，參差不齊。（圖2）

3　從樹枝上向外畫出枝椏。

4　在枝椏上畫松針。（圖3）

5　將墨汁調淡，在每根枝椏的盡頭，再畫出較淡的松針。（圖4）

6　底圖完成後，有的線條會沒連接好，千萬不要直接畫線進行修補，要改用山馬筆，用「點」的方式修補斷線。此外，也可在樹幹、樹枝上，不規則地點下數點，像是老松上的苔蘚，讓整棵樹看起來像蒼勁的老松。（圖5）

一點就通！

國畫中的綠色通常用墨色表示，深墨所畫的松針，通常是靠近軀幹，未受到陽光直接照射的松針；而用淺墨畫的，則是位於枝椏外，受光的松針。深淺用色可以使畫面產生遠近的距離感。深淺並非絕對，除了構圖考量，創作者的意圖也很重要。同樣地，松針的疏密也是如此。

上色。

1 用小楷筆調赭石色顏料，先從樹幹兩邊上色，然後由外向內，從樹幹兩邊向中間刷淡形成留白。（圖1）

2 以赭石色顏料畫樹枝，之前用墨水勾勒的樹枝，都要重新順過一遍。（圖2）

3 洗筆後，繼續用小楷筆沾花青色顏料並調淡，然後為松幹留白的部分上色，不要全部塗滿，讓松幹同時具有赭石、花青、留白等深淺的層次。（圖3）

4 用花青色顏料為一片片的松針刷色。依照底圖松針的深淺，刷上較濃或較淡的花青色，深淺的對比能使畫面更加立體。葉子與樹枝的重疊處，也要上色。（圖4）

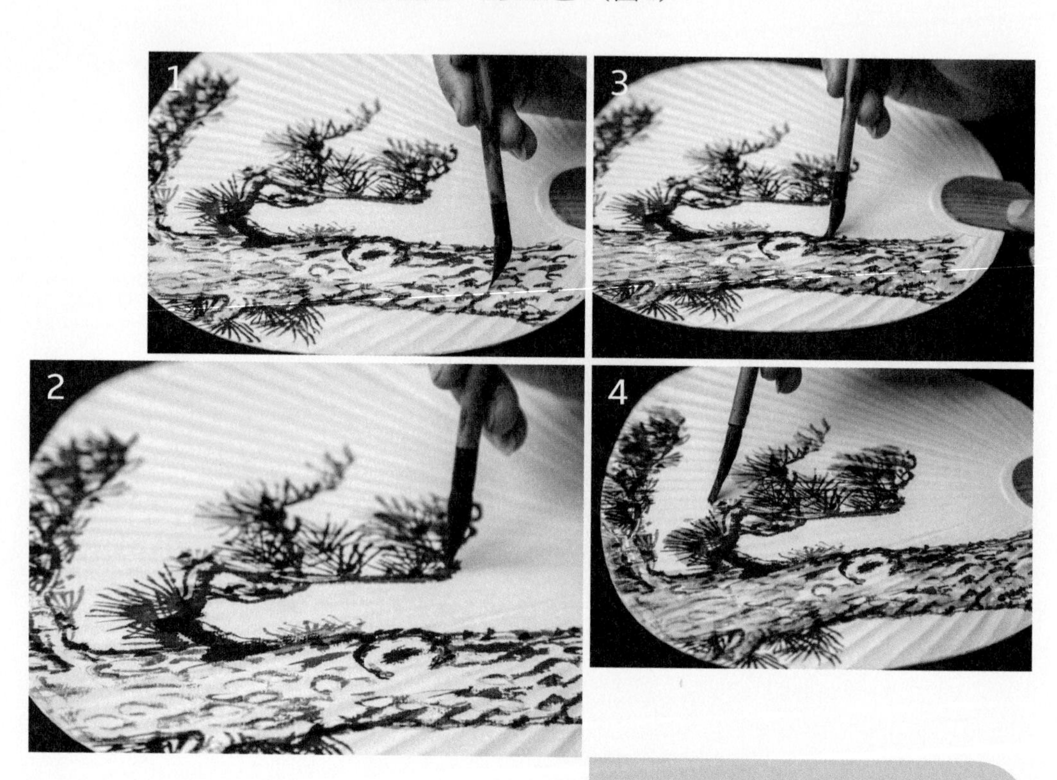

一點就通！

一般人容易將松樹的毬果與松花混為一談，其實，松樹的針葉並不是直接長在枝條上，而是在枝葉交接處的節狀葉枕上，這就是松花。

5 洗筆後，繼續用小楷筆沾三綠顏料，筆鋒全部沾抹均勻，然後再用筆尖輕輕地沾染一下赭石色顏料，在每片松針上，也就是扇形的中間，點上松花。（圖5）

6 洗筆後，將小楷筆沾上翡翠綠顏料，同樣用點的筆法，不規則地點在松幹、樹枝的苔蘚上。原本墨色的苔蘚，點上翡翠綠之後，色彩效果相當明顯。（圖6）

最後，在空白處題字、落款。因為團扇的扇骨密集，無法蓋章，印章用朱紅墨汁畫上即可。

松樹的挺拔，常被用來形容一個人站姿的標準動作。佛典有云：「行如風，立如松，坐如鐘，臥如弓。」就是要修行者如同青松般昂然挺拔，並且隨時提醒身除習氣、心有依處，做到身不踰矩、心不放逸。此外，松樹給人們的深刻印象，就是不畏生存環境的苛刻，能在風雪中、懸崖上高聳而立。我們也可以勉勵自己與他人勇於接受逆境，就像青松般，把每一次考驗都視為逆增上緣。

水墨篇——3

風雅的蘭花

古代文人喜愛在團扇作畫，團扇以其形狀「團圓如月」而得名。魏晉南北朝時期，形制日益增多，後來發展為橢圓形、長圓形、腰形、海棠形、雞心形等眾多樣式。在扇子上作畫需要更多練習，我們可以在宣紙上先重複練習，有把握時再於團扇上繪製底圖，就能自製成一把風雅別具的文人扇了。

工具

- 大、中、小楷筆各1枝
- 墨汁
- 宣紙
- 日式貝形團扇（可於美術行購得）
- 調墨汁用小碟子數個

基礎筆法。

在水墨畫中，蘭花主要是由蘭草、蘭花所組成；而花朵部分，在視覺上又有正面、側面的差異，以下先練習蘭草、蘭花的正面、側面畫法。

傳統的畫蘭方式是只透過墨色的濃淡來呈現蘭花的清高，若真要上色，也不過以花青來撇葉，拿嫩綠來敷花，花心部分用稍許的白綠來「點睛」，整個畫面不超過三種顏色，保留蘭花的淡泊本色。

1

蘭草

1 大楷筆沾濃墨，墨汁要飽滿。

2 用筆尖下筆，向上畫出一條不規則曲線。（圖1）

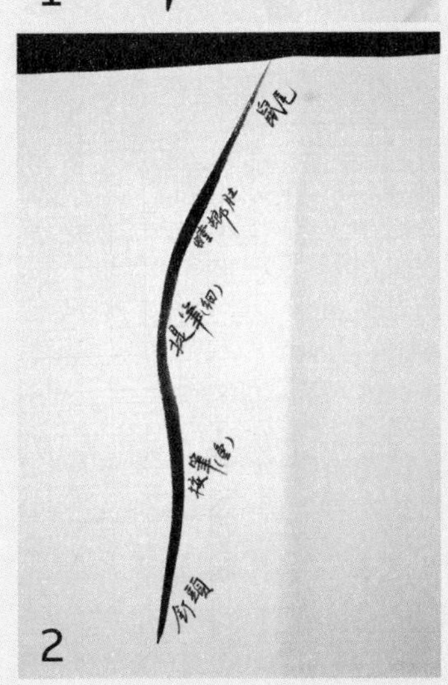

2

一點就通！

畫蘭草的這一筆相當長，雖一筆畫出，但每一段形式不同，名稱也各異。「釘頭」是筆尖下筆；「按筆」則如同永字八法的「捺」筆，要用力將筆腹壓下去，讓線條變粗；「提筆」則同「捺」筆，最後要縮筆，線條由粗轉細；緊接著「螳螂肚」則是線條由細再轉粗，與「按筆」相似，但在筆腹壓下時要順勢一轉，畫出渾圓的曲線，呈現蘭草翻摺時厚實的姿態；最後縮筆成為「鼠尾」。（圖2）

正面蘭花

蘭花的花瓣分內二外三，畫法與蓮花類似，但花瓣少，畫法也較簡單。

1 洗筆，將大楷筆沾墨，再加點清水調成淡墨。筆鋒沾滿淡墨後，再用筆尖沾染一下濃墨，如此能讓畫出的花瓣有深淺的層次。

2 如永字八法的「點」，由上往下點出一瓣花瓣。（圖3）

3 在花瓣右側再點上一點，形成兩瓣合十的花苞。（圖4）

4 第三筆如同永字的「斜」，由右上往左下，由外往內畫入。（圖5）

5 第四筆如同永字八法的「仰橫」，先是筆尖壓下，然後從左到右畫入。（圖6）

6 第五筆與第三筆類似，但角度可以更開闊，從右上到左下畫入。（圖7）

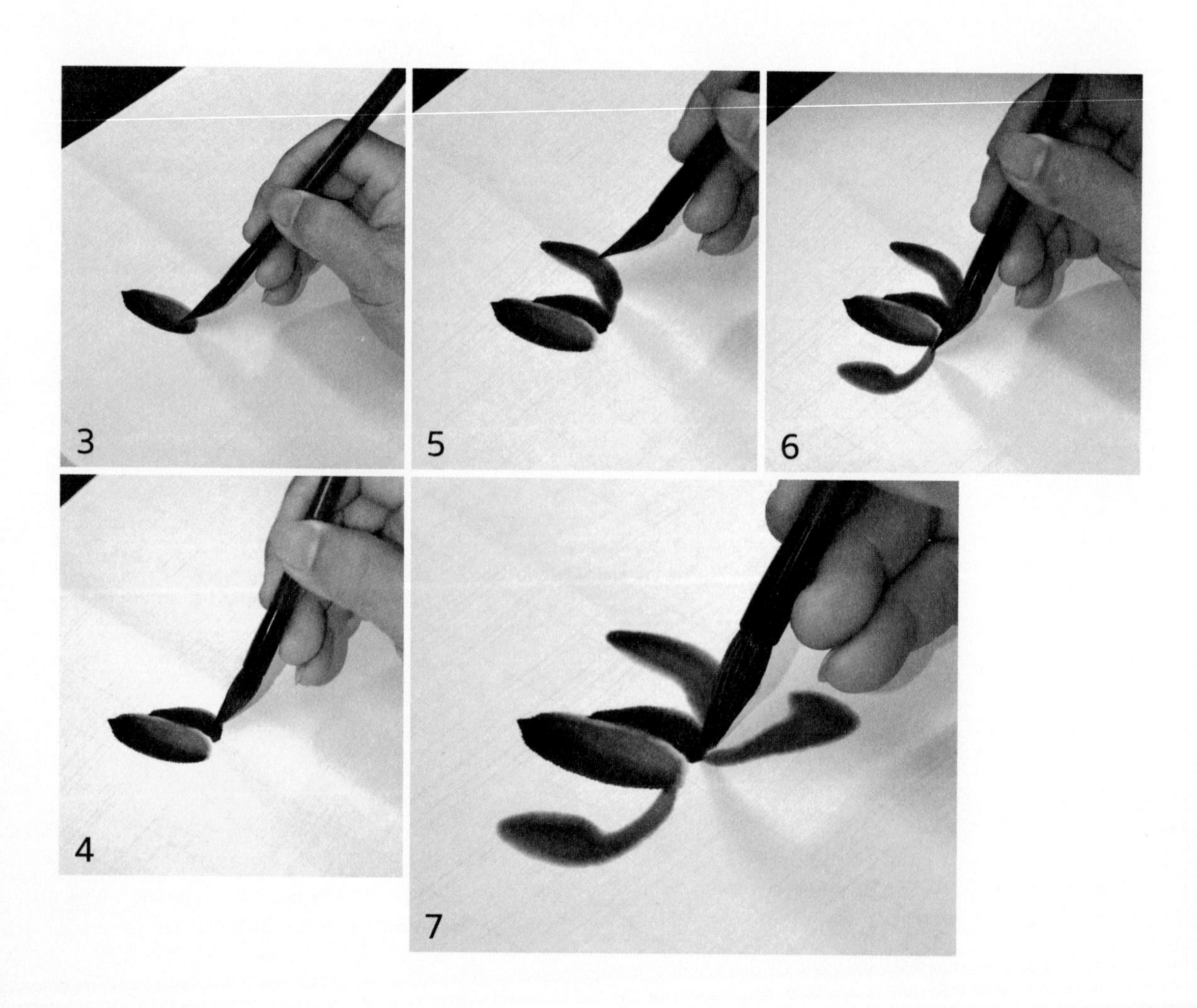

7 從花朵底部畫出花莖。花莖不是一筆畫下，要如同英文字母「y」，先點一短線，然後從短線旁畫下一條長線。（圖8）

8 換小楷筆，沾上濃墨，在花朵中間點上三點花蕊，就是一朵內二外三的正面蘭花。（圖9）

一點就通！

花蕊通常是三點，可排列成如同「品」字、「小」字；也可只點二點，做上下、左右排列；或是點上四點，形成像「心」的樣子。

側面蘭花

1 先畫出四筆花瓣，方法與正面蘭花相似，但四筆花瓣要更緊密。

2 第五筆如同永八法字的「仰橫」，筆尖壓下從左到右畫入。這一筆畫從外向內，可拉長一些，並且與前四筆的花瓣所交集的夾角可更開闊，形成向左舒展的蘭花。（圖10）

3 從花朵底部向右下方畫出花莖。（圖11）

4 換小楷筆，在花朵中間點上花蕊。

5 如果要畫向右面的蘭花，畫法相似，所不同的是第五筆改成永字八法的「斜撇」筆，由外往內畫入。隨後再從蘭花底部向左下方畫出花莖，並點上花蕊。（圖12）

底圖練習。

畫蘭草

1　大楷筆沾墨，由下到上畫出第一筆蘭草。

2　由下到上畫出第二筆蘭草，並且與第一筆蘭草交叉形成「鳳眼」。（圖1）

3　從鳳眼處下筆，由下到上畫出第三筆蘭草，並且穿過鳳眼形成「破鳳」。之後，線條可向右延伸拉長。（圖2）

4　由下到上，畫出數筆短葉蘭草。（圖3）

一點就通！

蘭草前三畫，畫的是主要架構，而且畫出的蘭草偏長而彎曲。至於蘭草的長短，是否要彎曲、交叉，端賴畫者的喜好表現，但是切記掌握蘭花的高雅特質，不要貪多，免得畫成茅草亂蓬。

1

2

3

蘭花

1　洗筆沾淡墨，在蘭草附近的空白處畫上蘭花。順序是先畫花，再畫花莖，因此在空白處要先思考花朵與蘭草的相應位置，才不會過於擁擠。（圖4）

2　換小楷筆，點上花蕊。

4

作品完成。

最後在空白處題字、落款、蓋章。

一點就通！

日式團扇的扇面並不規則，在上面作畫較不容易，當我們經驗還不充足的時候，可以先在宣紙上重複練習，有把握時再於團扇上繪製底圖。如此，就製成了一把風雅別具的文人扇了。

蘭花淡雅高潔，不只深受文人喜愛，其清淨自若於幽谷，頗像深入山林坐禪安定的僧人，因此也被稱為「禪定之花」，自古就有「見蘭悟禪之說」，一代文豪蘇東坡更以「谷深不見蘭生處，追逐微風偶得之。解脫清香本無染，更因一嗅識真如」來詠蘭。若以現代美學價值呼應，其實就是一種簡單。

4

細緻工筆畫

工筆畫起源甚早，到了唐代更盛行，可細分為「工筆白描」和「工筆重彩」二大類，前者不用色，單以墨勾勒圖畫，後者用重彩顏料。工筆畫以精謹細膩的筆法描繪佛顏，必須先畫好稿本，反覆地修改才能定稿，然後用主筆勾勒，隨類敷色，經過層層渲染而成，看似繁瑣複雜，其實只要有耐心與恆心，完成時反而可以得到更大的成就感！

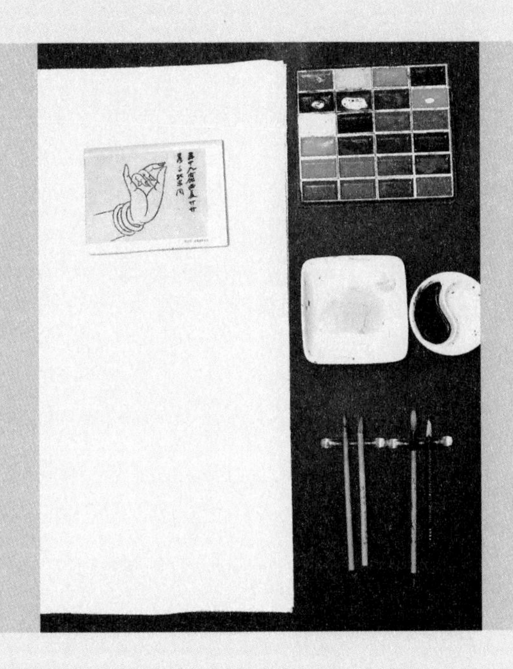

工具

- 鉛筆
- 圭筆
- 中楷筆
- 刷色用毛筆數枝（可用洗乾淨的舊筆替代）
- 墨汁
- 國畫顏料（橘色、翠綠）
- 蟬翼宣
- 描本
- 盛墨及調色的大小碟子

底稿製作。

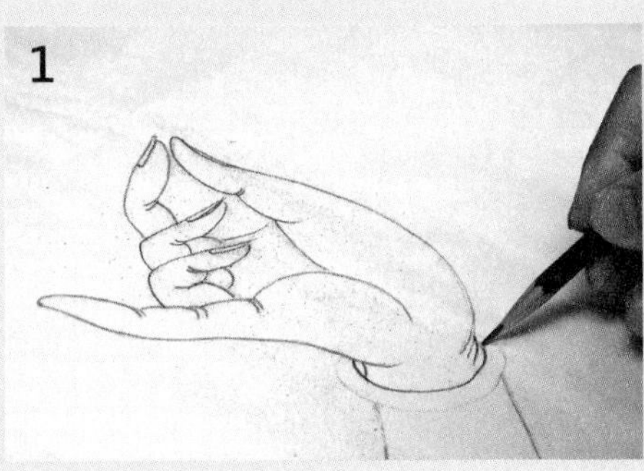

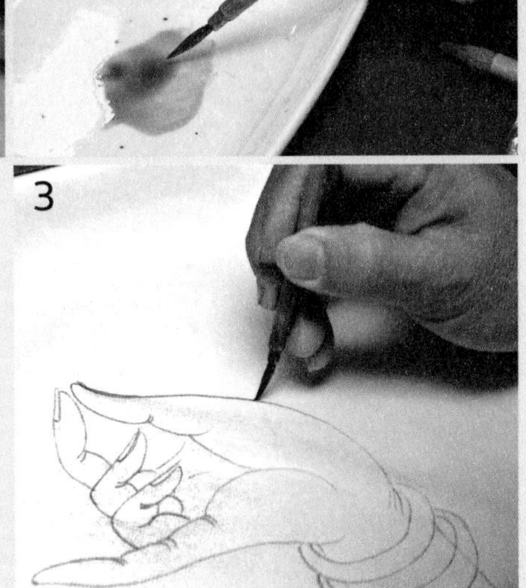

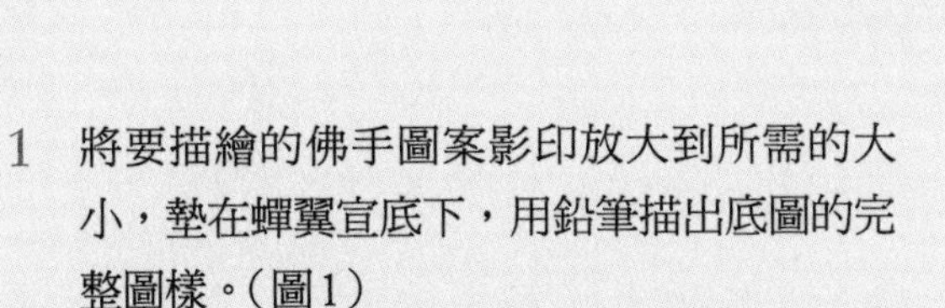

1 將要描繪的佛手圖案影印放大到所需的大小，墊在蟬翼宣底下，用鉛筆描出底圖的完整圖樣。（圖1）

2 用圭筆沾墨，加水在碟盤上調出較淡的灰色（可先在衛生紙上試色）。（圖2）

3 將紙下的描本取出，再取一張蟬翼宣，置於鉛筆描圖上，接著用圭筆順著鉛筆線條，再描一次底圖。描本可放在一旁對照，方便描時參考修正。（圖3）

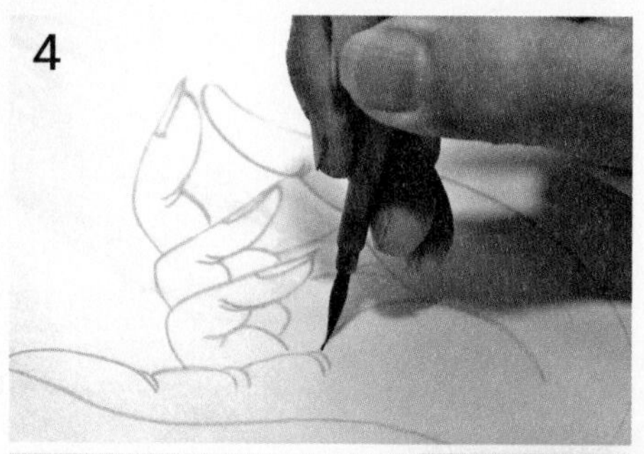

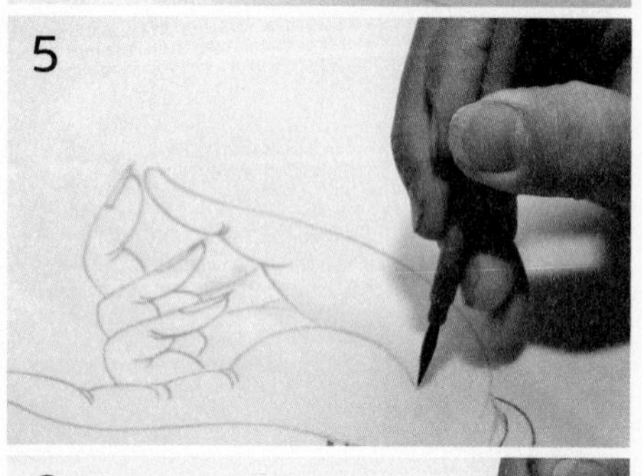

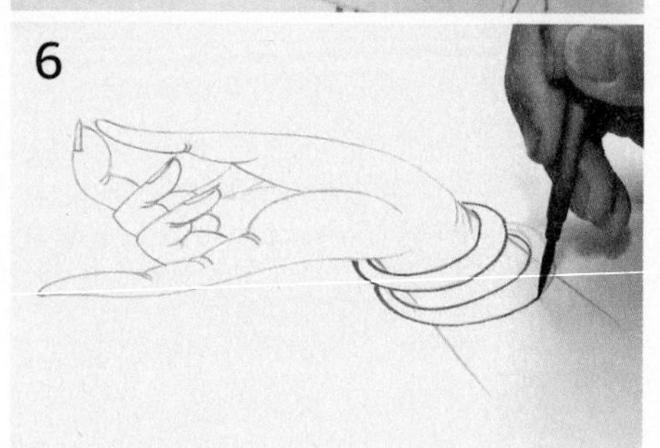

4 不同於鉛筆描圖僅照著底圖描，圭筆描圖講求筆法的輕重與走勢。下筆連接上面的線條時要重而有力，如永字八法的「横」畫，意味著線條正要起步。（圖4）

5 後面收筆時，要輕描淡寫，如永字八法的「捺」。（圖5）

6 用圭筆沾墨，不須調淡，順著鉛筆線條描出玉鐲圖樣。（圖6）

一點就通！

手指、手掌彎曲時紋路會糾結在指節、掌心等部位，這些地方紋路深而明顯，因此要用重筆，讓顏色深沉一些。相反地，離彎曲處愈遠，紋路較淺，就要用輕筆。手的描繪還算簡單，衣服皺褶描繪更複雜，不過原則大致相同。

此外，玉鐲是器物，可用深墨直接勾邊描圖。但佛手就不行了，要把墨色調淡成有如鉛筆畫出的顏色，如此勾邊線條才不會與剔透的皮膚產生強烈的不協調感。

上色。

1 洗筆後，繼續用圭筆沾橘色顏料，加水在碟盤上調出較淡的橘色。

2 將佛手全部上色。但要注意避免越界畫到玉鐲上。

3 玉鐲下方的皮膚，可由上往下漸漸刷淡玉鐲邊，在視覺上有漸層的效果。如果沒刷淡，塗滿顏色反而有如斷手，非常突兀。（圖1）

4 洗筆後，繼續用圭筆沾翠綠色顏料，加水在碟盤上調出較淡的翠綠色。

5 將玉鐲上色。

渲染。

1 玉鐲上色後，佛手上的顏料也差不多乾了。洗筆後，繼續用圭筆沾橘色顏料，並在碟盤上調出較深的橘色。

2 同時將刷色用的毛筆浸入清水中，使筆鋒濕潤，用衛生紙擦乾，放在一旁備用。

3 用圭筆沿著大拇指的指腹，畫下一筆深濃的橘色。（圖1）

4 馬上將一旁刷色用的毛筆，把剛才所畫的深橘色往旁邊推開，刷出由深入淺的漸層。

5 重複3到4的動作，讓原本平面的手，因顏色深淺而變得立體。速度的掌握要恰當，避免顏色太乾刷不出漸層。若刷色的毛筆髒了，就要洗筆，免得愈刷反而顏色愈深。（圖2）

6 洗筆後，繼續用圭筆沾翠綠色顏料，在碟盤上調出較深的翠綠色。

7 用圭筆先在玉鐲的上、下兩旁畫下深重的翠綠色。（圖3）

8 用洗淨擦乾的刷色用毛筆，把剛才所畫的深翠色往玉鐲的中間推，推出由濃化淡的漸層。這是因為玉鐲上下邊與手臂交接處較不受光，因此顏色較深重。

一點就通！

佛指彎曲部位較不受光，同時血色聚集，因此色調要深、重。另外大拇指的指腹、手掌下方與手腕交接處、玉鐲下方與手臂的交接處，同樣都屬於背光處，顏色也都要較為濃重。反之其餘受光之處，顏色則要淺、淡。濃淡漸層的表現，與西方繪畫中強調光影、立體是同樣的方式，平常就要仔細觀察光影的變化，並多加練習。

1

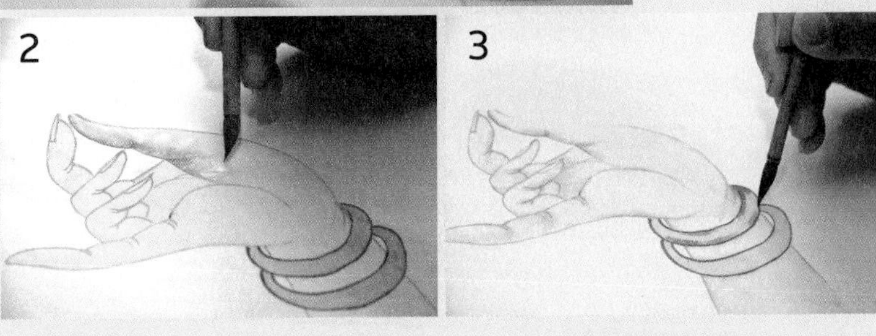

畫蓮。

1 先用鉛筆勾勒出蓮花大小，點出花與手的相對位置。

2 先畫花瓣，再畫蓮蓬、花蕊及花脈。

3 最後用中楷筆在蓮花中間用墨綠色畫出花莖。

4 畫莖時要一口氣畫下，但手指拈莖的部位要特別注意，別讓墨色沾染到佛指上。（圖1）

5 在莖上點出梗刺。（圖2）

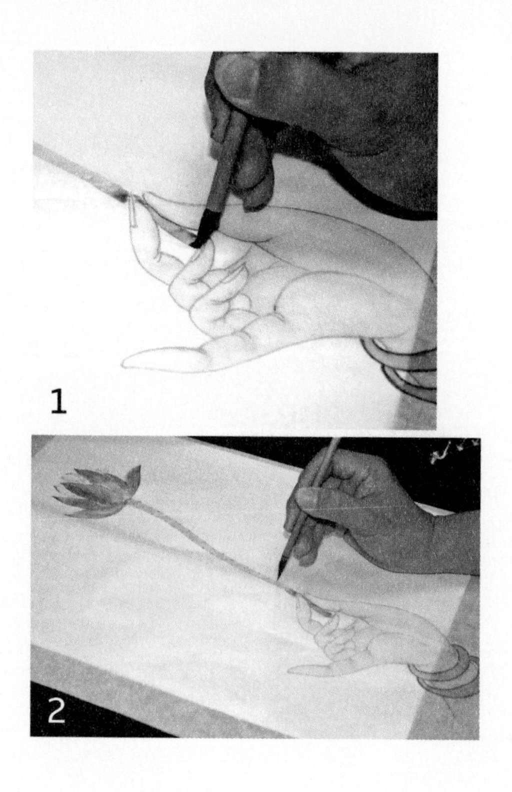

畫面上只有佛手的話，難免單薄，因此我們將之前學過的水墨畫蓮加進來，使作品更豐富完整。蓮花也可以用工筆畫呈現，跟畫佛手一樣，底圖、上色、渲染，每個步驟都不能缺少。不過，整幅作品的主題仍是佛手，我們還是要先處理好佛手，再來畫陪襯的蓮花。

勾邊。

1 洗筆，用圭筆沾橘色顏料，加水在碟盤上調出橘色。顏色濃淡要適中，介於第一次與第二次上色之間。

2 用圭筆將佛手上的線條及紋路勾勒出來。與沾墨描圖一樣，雖然只是簡單勾邊，但下筆仍要注重下筆的力道，以及筆法的走勢。（圖1）

3 洗筆，用圭筆沾翠綠色顏料，加水在碟盤上調出濃淡適中的翠綠色。

4 用沾過翠綠色的圭筆，將玉鐲的線條勾勒出來。（圖2）

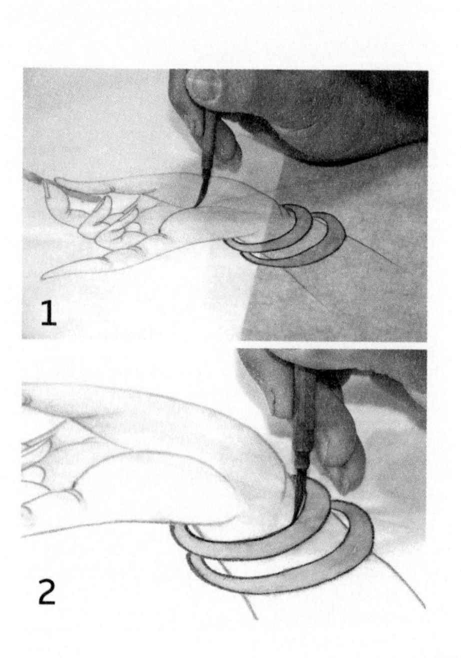

作品完成。

最後，題上作品名稱「拈華微笑」，並署名落款，蓋上印章就大功告成。

工筆畫與水墨寫意畫不同，工筆畫講究技法工整，強調細緻度，因此相當關注「細節」，注重寫實，使用「盡其精微」的手法，通過「取神得形，以線立形，以形達意」，使神態與形體完美統一。因此自古以來，工筆畫就是畫佛像的最佳選擇，希望透過相好莊嚴，讓大眾在禮佛、拜佛時，能如實感受佛的慈悲與智慧的莊嚴氣質，進而生起信佛、學佛的恭敬心、法喜心。

簡易禪畫

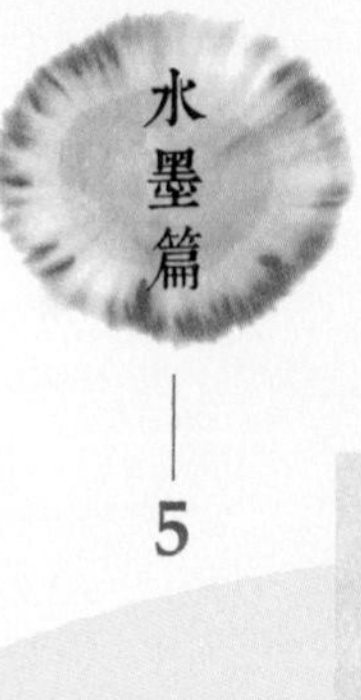

—5

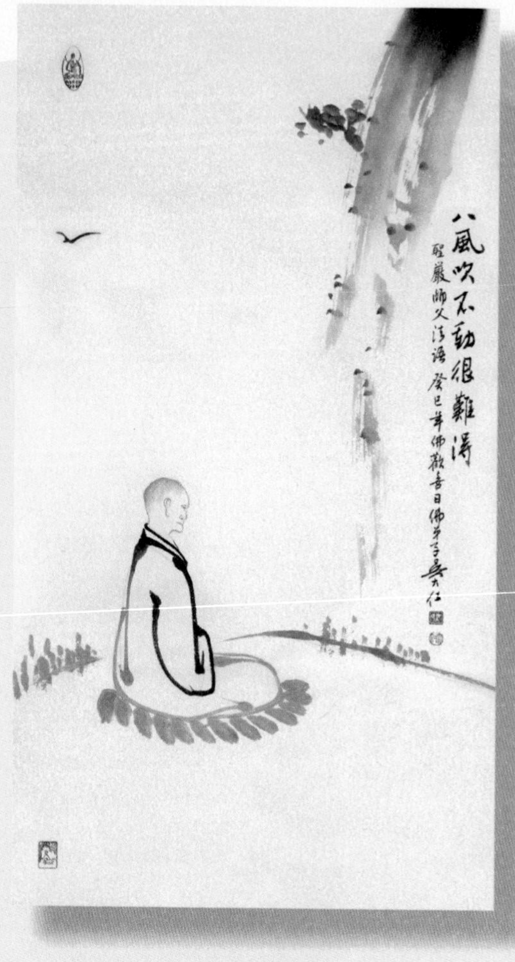

中國的水墨畫在意境上深受佛法的影響，宋元以來的禪畫風格，在筆墨上看似寥寥幾筆，輪廓簡化，卻恰到好處，神氣全得躍然紙上。其實，禪畫就是簡單，不去造作，太複雜反而表現不出意境，因此人人都能上手。但簡單可不是隨便亂畫，如果是有過禪坐體驗的人，更可以表現出來，在繪畫中隨時領受清楚、放鬆的禪趣。

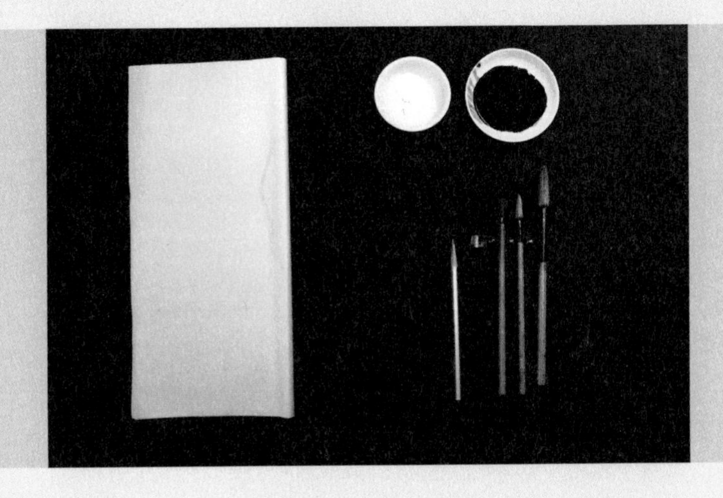

工具

- 鉛筆
- 圭筆
- 中楷筆
- 大楷筆
- 墨汁
- 宣紙
- 墨汁
- 盛墨、調色用小碟子

鉛筆底稿。

1 在畫面左下角，用鉛筆打稿，畫出打坐的僧人，頭部跟身體長度比例大約1：3.5。僧人坐姿上窄下寬，約略像個三角形，如此下盤才有重心。（圖1）

2 在僧人下方畫一座簡易平台。（圖2）

3 也可以自行將要描繪的僧人圖案影印至適合尺寸，然後墊在宣紙底下，用鉛筆描出底稿的完整圖樣。圖裡有幾種僧人姿態，可供初學者參考、臨摹。（圖3）

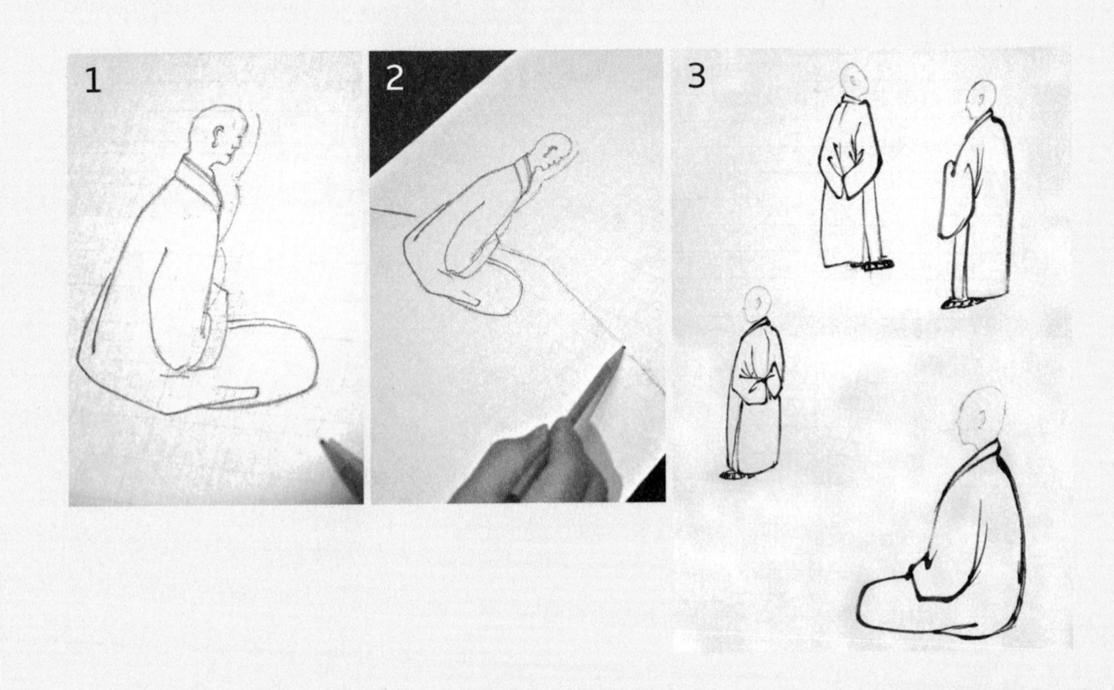

上色。

畫頭部

1 圭筆沾墨，加水在碟盤上調出較淡的灰色，可先在衛生紙上試色。

2 沿著底圖線條，將僧人的臉部輪廓勾勒出來。勾勒臉與身體的皮膚線條時，墨水要調得非常淡。(圖1)

畫僧袍

1 墨汁加深，換中楷筆沾墨，沿著底圖線條，先將僧袍的衣襟畫出。(圖2)

2 沿著底圖線條，勾勒僧袍。勾勒僧袍時，一開始要重筆下壓。(圖3)

3 往下拉出線條。(圖4)

4 收筆要用力上勾，形成衣袍皺褶。(圖5)

5 每一筆都重複重筆下壓、下拉，最後上勾的步驟，陸續勾勒其他線條。(圖6)

6 每一筆下去，都要一氣呵成，筆勢不能回頭，若回頭重描容易造成顏色結塊，線條就不俐落了。

7 依相同方式畫出僧袍的下擺。上勾要有力道，即使太用力，不小心勾到其他線條也沒關係。(圖7)

一點就通！

禪畫的線條就是簡單，隱隱約約有個形狀即可，不像工筆畫，線條要清清楚楚，盡其精緻。作畫的心境也是如此，要隨心且放手去畫，如果過於謹慎、工整，就失了禪味。

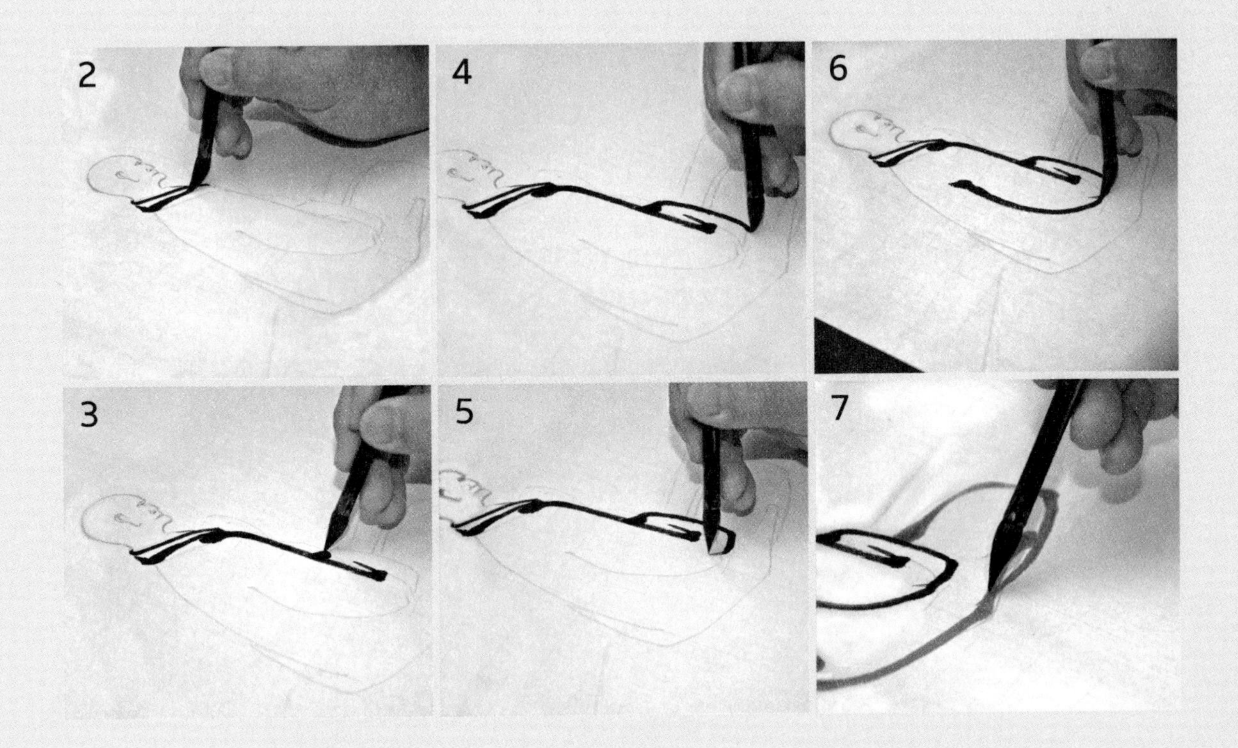

畫平台

1 調製顏色稍淺於衣服墨色的墨水。順著底圖線條畫出平台。

2 筆鋒沾墨，在僧人盤腿下方，將筆鋒壓上去，點出一點點的蒲團。（圖8）

3 筆尖沾墨，在平台上，用筆尖由上往下點出小點，形成參差不齊的小草。（圖9）

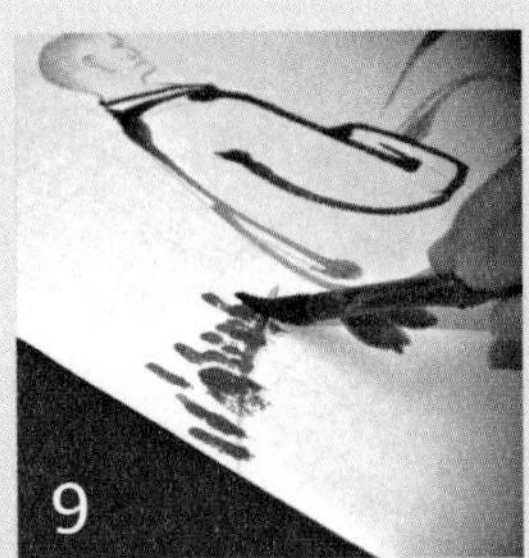

畫遠山

1 換大楷筆，先沾墨，握筆的手背斜躺在畫面的右上方，讓整個筆鋒能平貼在紙上。由上往下刷出兩、三道筆刷，形成山壁。（圖10）

2 換中楷筆，調深墨，用筆尖在山壁上點下數點青苔。接著用筆尖點出山壁上的松樹，取其形狀相似即可。也可將之前學過的水墨畫松，應用在此。（圖11）

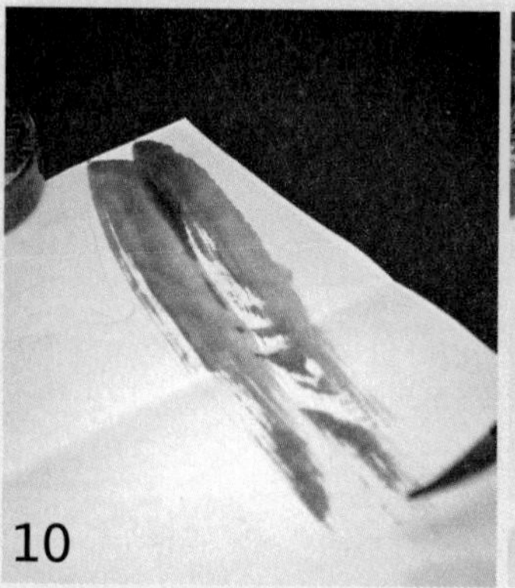

10

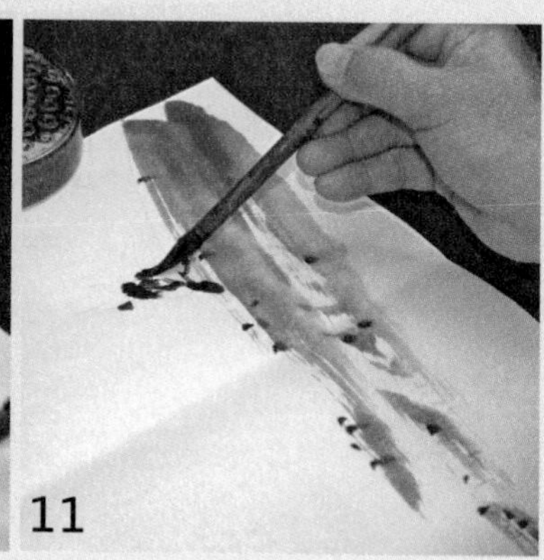

11

作品完成。

1 在空白處題字，這次題的是聖嚴法師的偈子：「八風吹不動很難得。」因為字數多，字級大小要稍微注意。

2 最後署名、落款、用印，作品就完成了。

佛教傳入中國發展成禪宗後，不但文人雅士將禪機入詩，也將禪機入畫。原先的禪畫是用來做修行的橋梁，藉由線條與色彩讓觀者得到心靈的共鳴。因此禪畫有幾點特徵，例如將禪的思想畫入圖中，或是以簡略筆法，得心應手畫出胸中的丘壑；甚至畫中藏機，不拘常規，畫出悟道者的境界。有禪坐經驗的人可以試著以繪畫展現自己的體悟與智慧。

—6

創意達摩

本章示範的「達摩畫」在表現手法上，結合了工筆、潑墨兩種技法。臉部用工筆畫法，可以細緻畫出達摩的威嚴；而鬍鬚、衣服可用潑墨方式，展現心無罣礙的禪意。最重要的是眼睛，要大而圓，宛如怒目金剛，多了一分喝斥威嚴；而眼珠不但要炯炯有神，還要正中直視，表現出禪者定中發慧的味道。整幅畫剛柔並濟，方能表現一代宗師的風範。

工具

- 大楷筆
- 小楷筆
- 鉛筆
- 墨汁
- 宣紙

底圖繪製。

1 用鉛筆在宣紙正面做底圖，畫出眼、鼻。因為畫的是側面像，達摩的左臉面積會遠大於右臉，因此左眼也會略大於右眼，但只要避免眼睛大小差異太明顯即可。

2 在鼻子下方畫出人中、嘴唇、法令紋。（圖1）

3 在達摩左眼右側畫出耳朵，耳朵要又大又長。

4 以達摩右眼與耳朵之間為直徑，畫出半圓形的頭顱，大致完成底圖。（圖2）

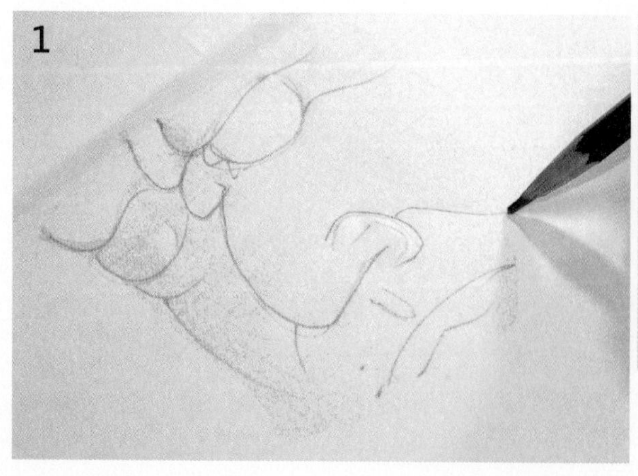
1

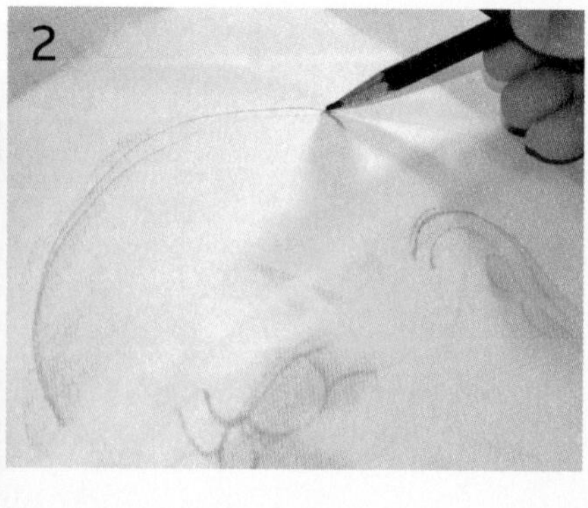
2

底圖勾邊。

1 由於皮膚線條不宜過深，先將小楷筆沾墨汁加水調成淡墨，依照底圖先勾出眼睛線條，再勾出鼻子。

2 這算是簡易的人物工筆畫，每一筆下筆都要按（壓）一下，筆畫盡量不重複。（圖1）

3 收筆時，要輕輕提起，也可用勾、拉的方式，拉出尾線。（圖2）

4 將人中、嘴唇、法令紋等線條勾出。若以人中為基點，達摩左側的嘴唇線條要比右側長，這也是因為畫側面的緣故。

5 勾出耳朵線條，由於耳朵線條較長，不容易一筆完成，第二筆可在線條斷掉的上方1到2公分之處落筆，順著畫過的線條再往下補畫出耳垂。（圖3）

6 勾出頭頂線條。這一筆要試著把手抬起，懸腕而畫。一定要一氣呵成，因為如果補了第二筆，連接、修飾的重複線條，會讓頭看起來像是長了疙瘩。（圖4）

上色。

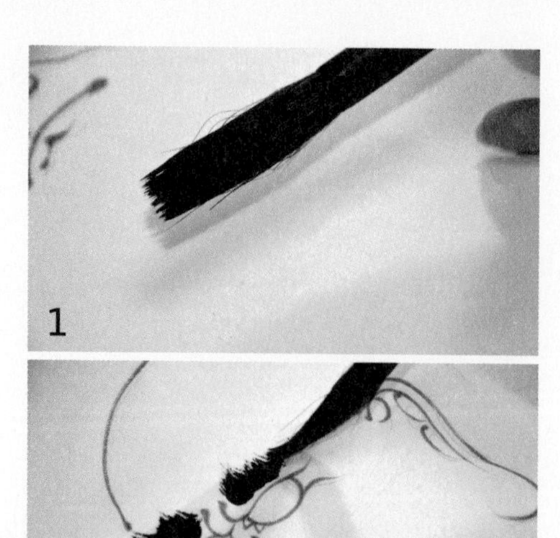

畫眉毛

1 換大楷筆，先沾水再沾墨，墨色要深，先在衛生紙上壓筆，一來讓多餘的水分釋出，二來讓筆開岔。(圖1)

2 在眼皮上方，上下刷出眉毛。(圖2)

畫鬍子

1 以畫眉毛的方式，在達摩右臉下方開始畫鬍子。多用筆腹位置而不是筆尖，一邊畫還要一邊繞圈。(圖3)

2 從右臉畫到下巴，然後從下巴轉到耳鬢，形成腮鬍。(圖4)

3 最後再從耳鬢畫到鼻子下方。一口氣畫成，中間依墨色深淺再稍微補墨即可。

4 用剩餘的墨，在嘴唇下方補上鬚毛。

5 補墨，用同樣方式在達摩後腦勺補上頭髮，讓整個頭形較為圓弧而不至於扁平。(圖5)

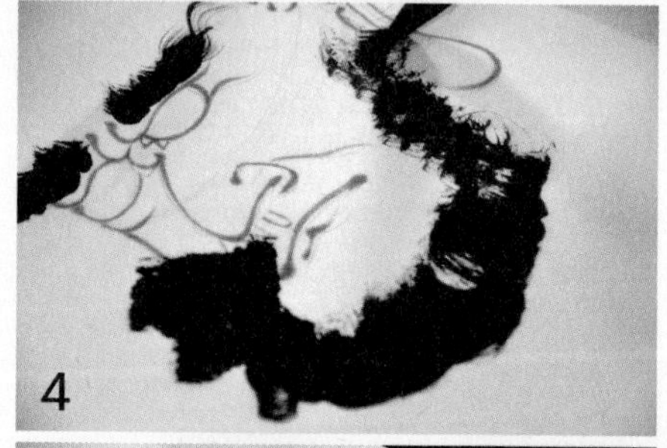

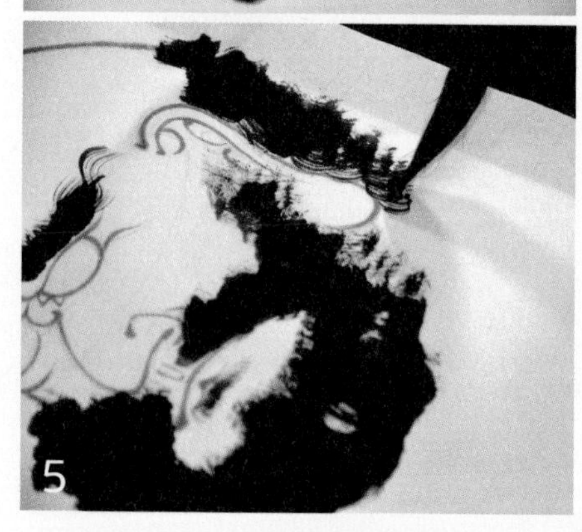

點睛

1　換小楷筆，直接沾墨不用調水，用筆尖在眼球中間畫出眼珠。第一筆從上到下先勾繪左半圈，第二筆一樣從上到下勾繪出右半圈。（圖6）

2　最後用深墨再加強眼皮、鼻孔、嘴唇等線條，讓畫面更加有立體感。（圖7）

一點就通！

兩筆形成完整圓形，中間留下的空白自然形成瞳孔，讓眼睛更加有神。眼珠的位置很重要，要在眼球中間，否則眼神會失焦。

6

7

畫衣襟

1　大楷筆洗筆，筆尖沾墨，沾一半即可。在後腦勺下方用力一點，整枝筆腹都壓下去，形成後背。（圖8）

2　隨後提筆，在剛落筆的上方，一筆很快地往畫面左下方刷去，形成衣襟。（圖9）

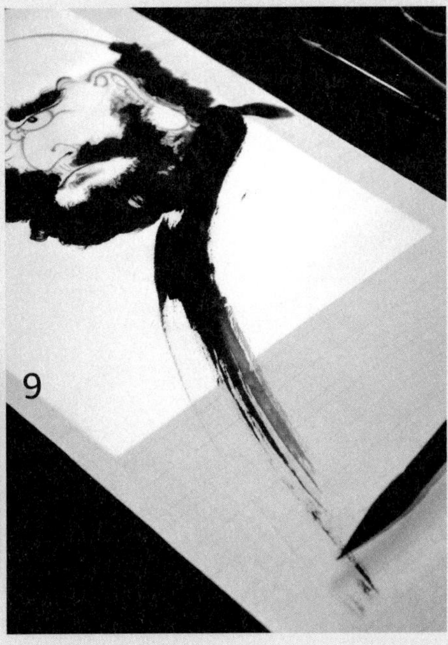
9

8

作品完成。

1 洗筆後，繼續以大楷筆沾上淡墨，然後在耳內、鼻側、鼻孔、眼眶、上下眼皮等處刷出灰色陰影，使畫面更有立體感。切記千萬不要塗到眼珠。

2 改沾深墨，在空白處題字、落款，最後蓋上印章就大功告成。

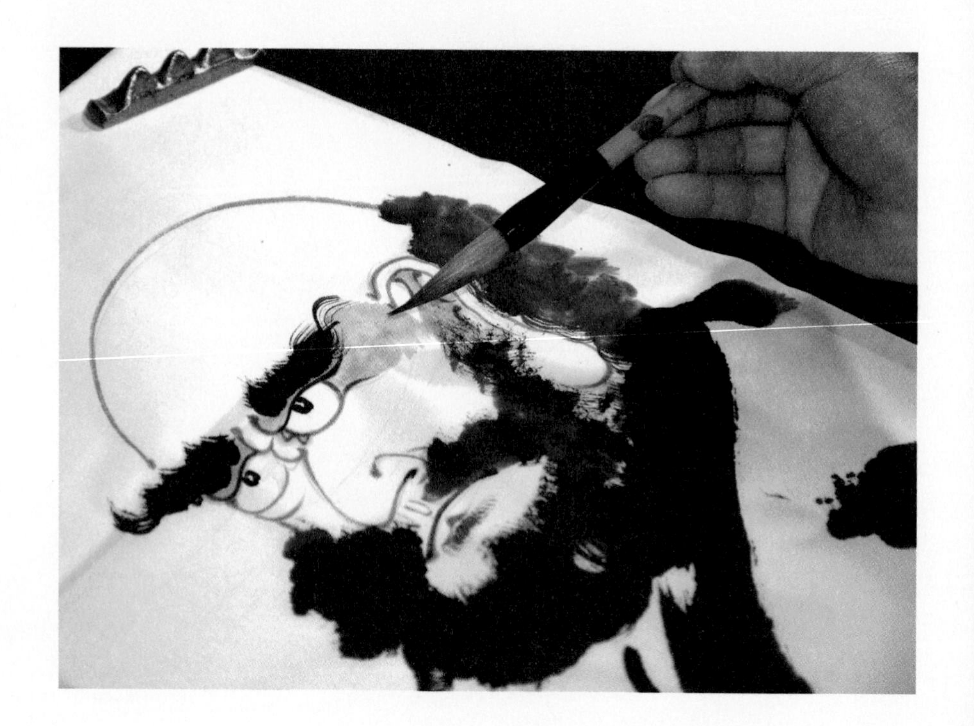

菩提達摩（？～535年），南北朝人，從印度來到中國，為漢傳佛教禪宗初代祖師，被尊稱為「東土第一代祖師」、「達摩祖師」。他最為人所熟知的是「一葦渡江」的故事。傳說達摩祖師曾與梁武帝談論佛法，雙方因會晤不契，使得達摩祖師北上傳揚佛法，途經長江，因為他心無罣礙之故，得以用蘆葦紮成渡具過了江。我們也可以用心地在一筆一畫中，一窺他堅定傳法的道心。

眉粗眼大髮鬍鬆道是西來鼻祖翁一花五葉傳天下直指人心在鏡中

辛卯年佛歡喜日佛弟子吳仁毅繪

活用篇

chapter 3

題字摺扇

活用篇—1

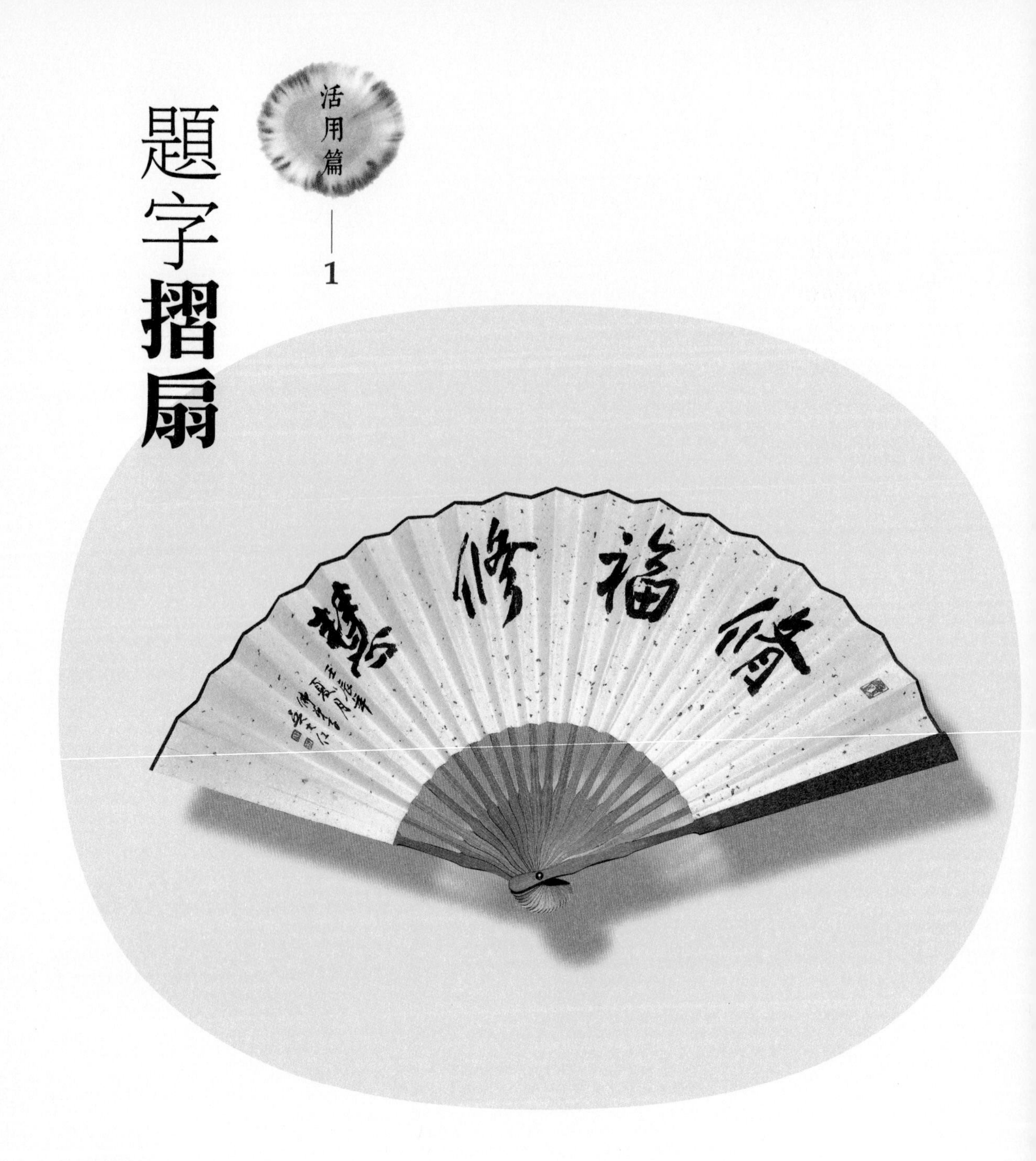

扇子最早源於中國，至今已有三千多年歷史了。不過中國古代只有羽扇、蒲扇和團扇，現今所熟悉的摺扇則是從日本傳入。在宋代，摺扇是時髦的舶來品，但是明代以後，因其製作精美、攜帶方便，而且可以在扇面上題字繪畫供人欣賞，結果在中國廣受歡迎。直到今天，扇子仍是盛夏納涼的工具，扇面上可隨人喜好飾以字畫，增添文化氣息。

工具

- 摺扇半成品
- 大、中、小楷筆
- 墨汁
- 紙鎮
- 印章
- 印泥
- 白膠

壓平扇面。

1 扇面因經過摺疊處理，加上底下有扇骨的關係，表面凹凸不平，可先用低溫熨斗，或是大型紙鎮前後壓平。（圖1）

2 預留書寫主文與上下留白的空間。

3 在扇面上可依照自己的喜好採直式或橫式書寫。不過因扇面形狀受限，對初學者而言，用橫式書寫較能掌握行距位置。

一點就通！

摺扇半成品，也是扇柄尚未與扇面黏貼的半成品，可於美術行購得。這種半成品的扇面攤開面積較大，書寫也較為容易。摺扇兩面都是宣紙，厚度為一般宣紙的兩倍厚，稱為「雙宣」，墨汁較不易滲透；摺扇通常有一面是素面，另一面是由金箔點綴的花面，花面會干擾作畫，大多用來書寫文字。

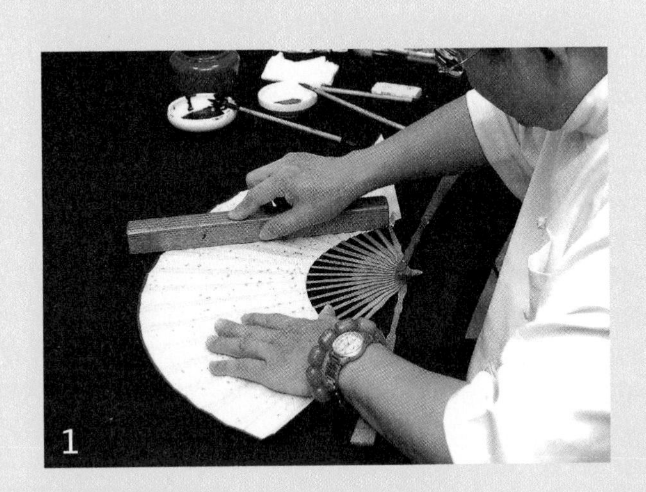
1

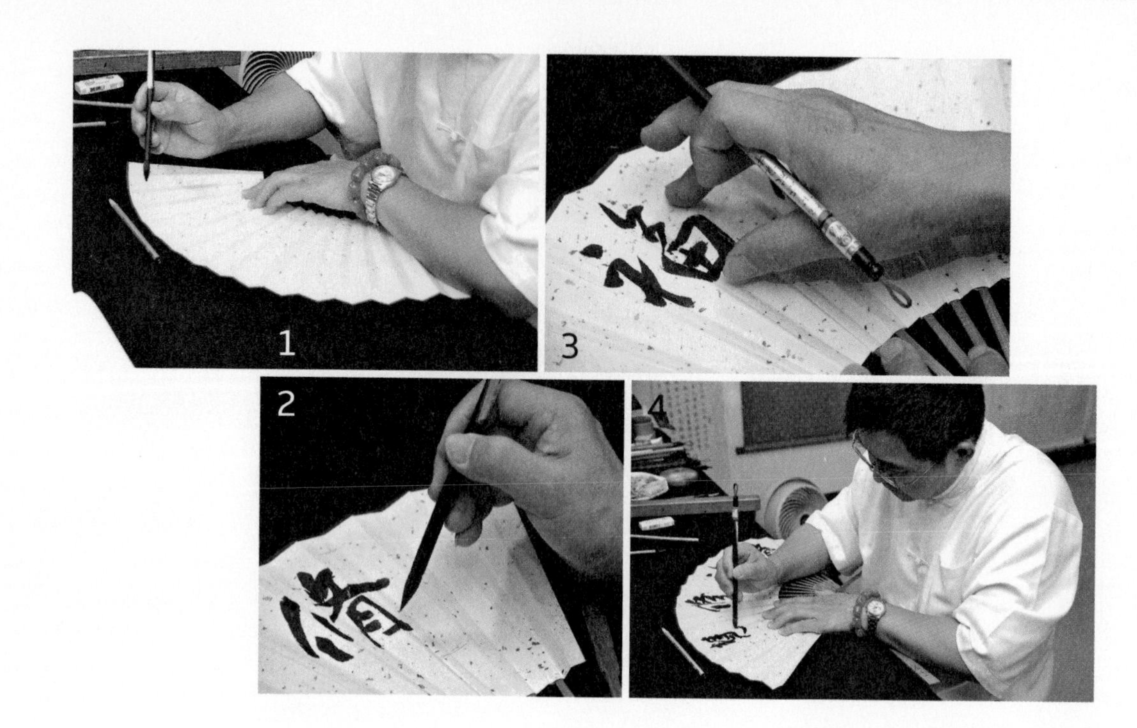

主文書寫。

1 因扇形弧度的關係，每寫一字前，要將落筆的扇面，調整到與自己身體對齊，如此字才能順著弧度，方正地落在扇面上。（圖1）

2 「脩」字的「人」字旁可以寫高一點，右側的「攵」字線條可以拉長一點，至於「月」字為了避免過大而產生比例不協調，建議不要用長拉的筆法，改用點的方式。（圖2）

3 「福」字的「示」字不要寫太大，否則會占空間，應縮小；「畐」字則放大，看起來比較舒服穩重。（圖3）

4 第二個「修」字，大致與第一個「脩」字相同，所不同是最後三斜撇，筆畫少而單薄，可加重筆畫，才不會有頭重腳輕之嫌。

5 「慧」字可以三等分來寫，上面的六橫兩豎，最好寫得緊湊一點。線條的粗細比例應該一致，不要有橫畫太粗，直豎太細的不協調。中間的「彐」字也要避免過大，才不會占據「心」的面積。「心」要寫得較為寬厚，讓整個「慧」字有金字塔的穩重感。（圖4）

一點就通！

一把摺扇含頭尾的扇柄，總共有18股扇骨，前後3股（共6股）的空間可做為左右的留白；落款用印2股；主文書寫則大約10股的面積，以本篇「脩福修慧」四字為例，平均每字大概會用到2至3股扇骨的面積。

除了左右，也要預留上下的留白空間。上方大約預留1至2公分做為天的留白，剩下的面積，再分做上下二等分，上半部進行主文書寫，下半部則做下方留白，這主要是讓主文書寫，盡量落在扇面的上方，隨著扇面上寬下窄的特性，產生放射狀的視覺效果。相反地，若把字集中在下方，反會糾結在一起，產生視覺障礙。

落款。

落款不用多，大約寫兩排，一支扇骨前後的距離。
落款位於主文左下方。(圖1)

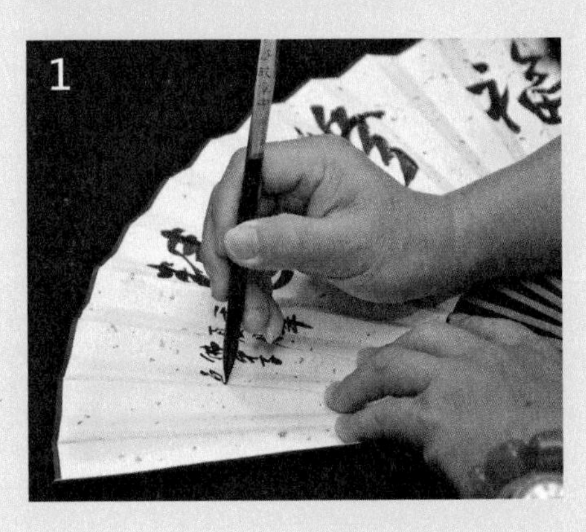

一點就通！

落款時切忌位置太低，而在視覺上與右上方的主文，變成好像上下分開的兩幅作品，沒有一致性。因為主文下方的留白相當多，直接落款在主文的正下方也是一種落款方式，可偏左、偏右，以不超過主文前後為原則。

黏貼。

1 寫完的字，可用低溫吹風機吹乾，距離不宜太近。也可以用衛生紙或是棉花棒，用沾拭的方式，將畫面上較濕的墨跡吸乾，或讓其自然風乾。

2 將扇紙與頭尾的扇骨（扇柄）黏貼。(圖1)

3 黏貼之前，先用手拍打扇子頂端，使扇紙上緣處能與每一股扇骨對齊。(圖2)

4 將白膠分別塗在頭尾的扇骨上。(圖3)

5 再將扇紙的前後黏貼上去。(圖4)

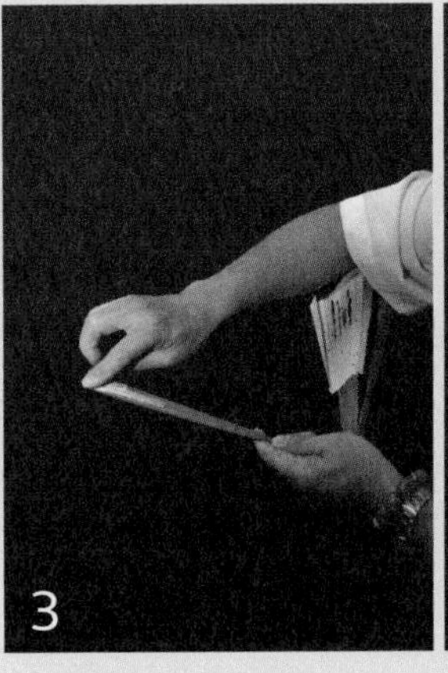

蓋印。

1 最後在落款旁邊蓋上印章就算大功告成。(圖1)

2 印泥屬於油性印油，蓋印後不容易乾，可在蓋印處均勻撒上痱子粉或麵粉，讓粉來吸收油墨，最後將粉抖落，印跡就會變乾。(圖2)

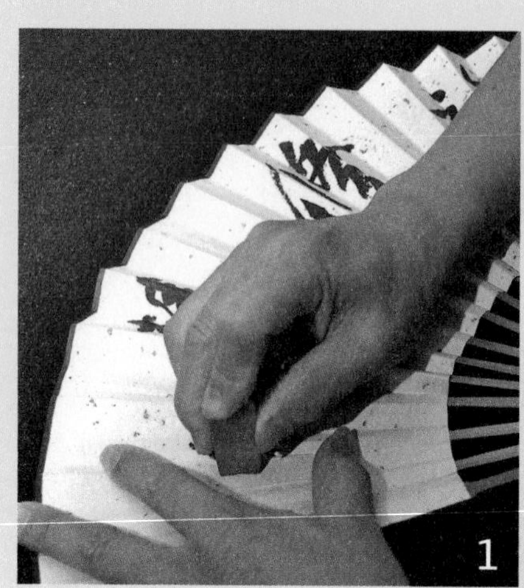

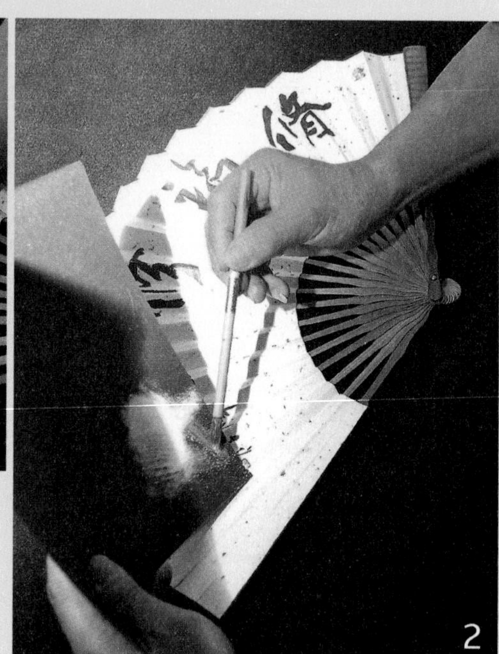

因為扇面面積小，印章的選擇不宜過大；此外，要避免將印章蓋在扇骨上，免得受力不均而效果不彰。

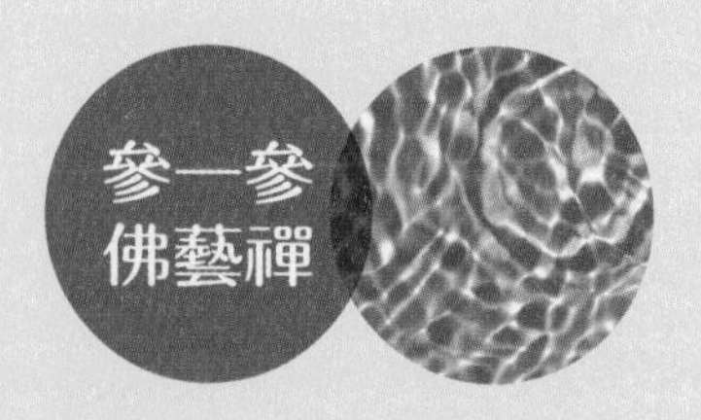

學佛、修行主要就是修福與修慧；簡單來說，修福是時時種福、培福，做利益眾生的事，修慧則是運用智慧或修行的方法，消除我執、轉化煩惱，進而去除煩惱。透過臨寫聖嚴法師的墨寶〈脩福修慧〉，可以提醒自己隨時涵養慈悲智慧，才能在三界火宅中，真正達到清涼自在。

活用篇——2

書法篆刻

廣義的篆刻泛指一切雕琢技法；狹義的篆刻則專指後人所謂的治印之學。現存最古老的印章，可以追溯到戰國時期，在當時政治、經濟發展的歷史背景下，印章成為君臣關係、商品貿易的重要憑證，直到今天，幾乎人人都還會刻姓名章，用來做印於文件上表示鑑定或簽署的文具。

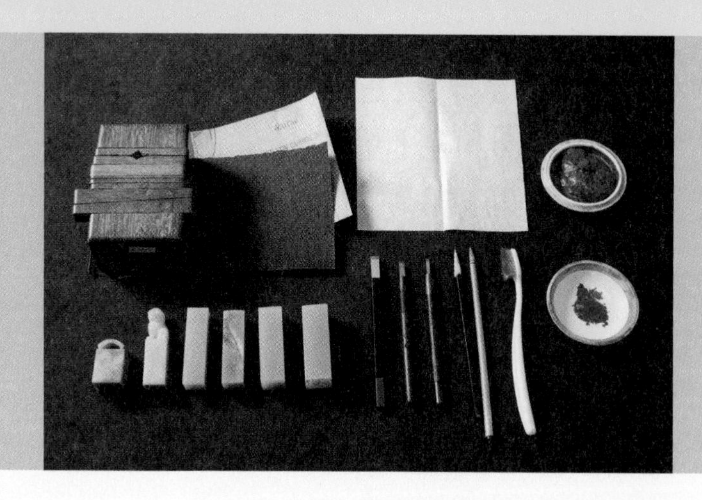

工具

- 小楷筆
- 鉛筆
- 礬宣紙
- 牙刷
- 印泥
- 學刻印（摩氏硬度2至3）
- 篆刻刀
- 粗砂紙
- 細砂紙
- 印床

磨石。

1 將學刻印的刻面，在粗砂紙上輕輕磨擦1、2次，把刻面的油、蠟去除。（圖1）

2 粗砂紙的顆粒會在刻面上留下一條條紋路，接著改用細砂紙將紋路磨平。（圖2）

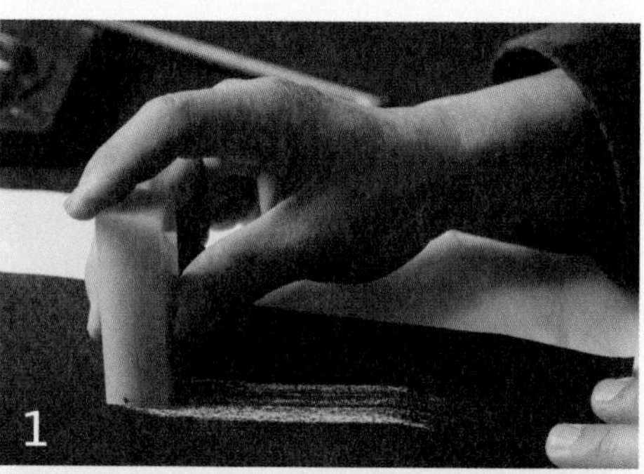

1

2

一點就通！

學刻印是針對學習所需，價錢便宜，若不小心刻壞，還能用砂紙磨平。初學者可找較大的印章來練習，4平方公分左右的面積最適合。學刻印上不會有任何雕飾，頂端較為圓潤，底部較為方正的是刻面。印床則可在一般印材行購買，用來固定印章，避免傷手。

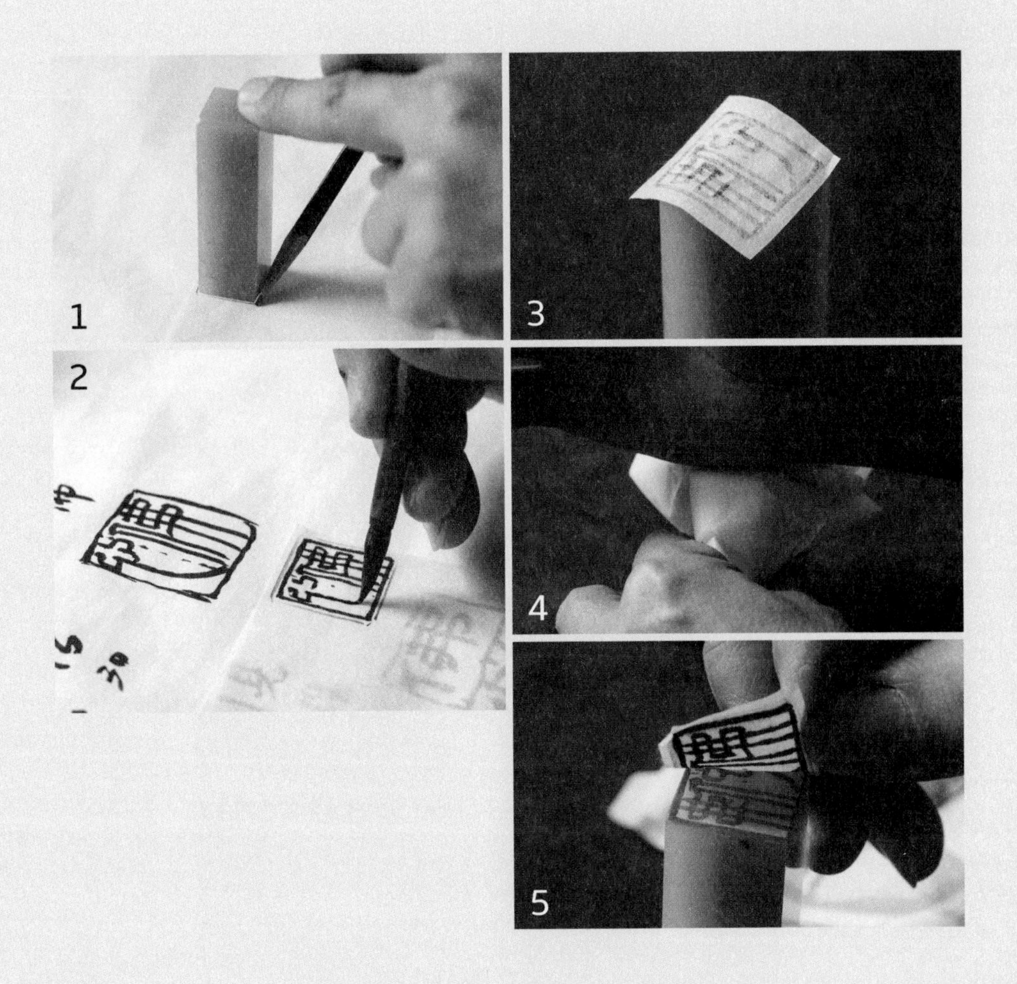

1 2 3 4 5

製作底圖。

1 將印石壓在礬宣紙上，用鉛筆沿著周圍描出方框。（圖1）

2 用沾墨水的毛筆，在描出的方框內，畫出面積稍小的墨框。

3 在墨框內，從右到左題上「佛心」。字級大小不須一樣，「心」的筆畫少，寫小一點，反之「佛」字寫大一點。（圖2）

4 將底圖裁下，反過來放在印石刻面上，並對齊四角。（圖3）

5 滴一滴水到底圖上，此時底圖上的線條會因水而透顯，可用篆刻刀稍稍調整位置，務必使底圖的墨框與刻面對齊。

6 將衛生紙罩在底圖上，如同拓印一般，用手在衛生紙上敲打。（圖4）

7 如此一來，底圖的線條會印在刻面上，形成左右顛倒的反文。（圖5）

基礎刀法練習。

在古代，篆刻刀法有13種之多，
但歸納適合初學者練習的，
大致有「衝刀」與「切刀」，
平常就可以用學刻印來練習篆刻刀法：

1 **衝刀：**以刀角（尖）入石，往前一刀衝過去，適合處理沒有筆畫線條連接處的一直線。刀尖入石不宜過深，不然，容易卡住，難以推進。（圖1）

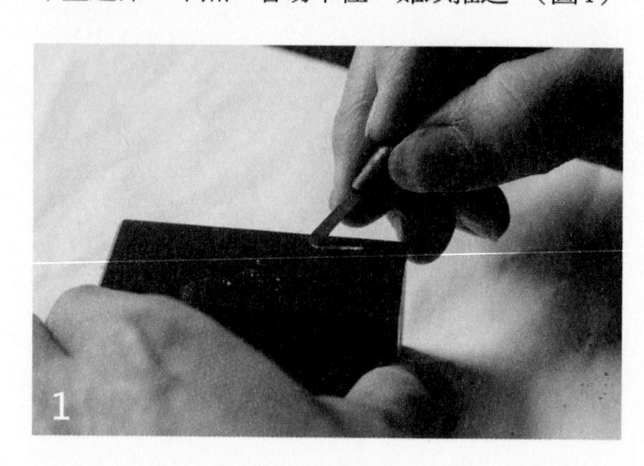

1

一點就通！

不論是刻印框，還是刻印文，下刀前，刀刃一定要貼在線條的左邊，如此較不容易刻壞線條。另外，刀刃要緊貼在線條外緣，若貼得不夠緊，下刀後還要重修整理，一看就是工夫不到家；反之，若不小心貼在線內，下刀後會傷害線條。與其貼不緊，還不如緊貼線條，即使切到線條也勝過重修；因為切線所造成的斑駁，倒有一種特殊的缺陷美。

2 **切刀：**同樣以刀角入石，一刀一刀用力地往下切，有如在點虛線，適合處理有筆畫線條連接處的部分，進行小面積的切刻。儘管像點虛線，使用切刀時，每一刀切下要跟上一刀對齊，如此刻出來的線條才夠直。（圖2）

2

正式篆刻。

1 將印石卡緊固定在印床上，並轉動印床使印石的尖角朝前。

2 **刻印框：**將四邊的印框刻出，下刀前刀刃要貼在框線的左邊，用衝刀向前衝出；若遇到與字筆畫相連之處，則改用切刀切割，避免截斷。（圖1）

3 刻好一邊後，轉動印床刻另一邊印框，此時刀刃依舊貼在框線的左邊。（圖2）

4 **刻印文：**刻出印框後，就開始刻字的筆畫。下刀前同樣也要把刀貼在筆畫的左邊，依線條長短而使用衝刀或切刀。

5 轉動印床，讓每一刀下刀前都貼在筆畫左邊。

6 **起地：**除了刻線，還要掘刻出空隙。

7 就是由外向內，用刀從線條的外緣（左側）往空白內掘刻，把不需要的石材刻出，方能避免切斷線條連接之處。（圖3）

1

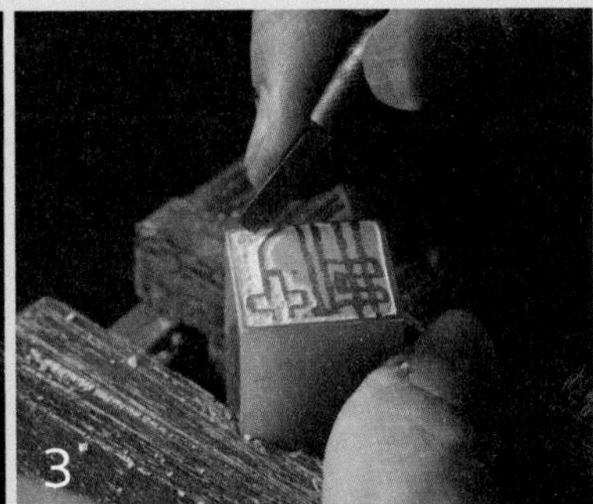
3

4

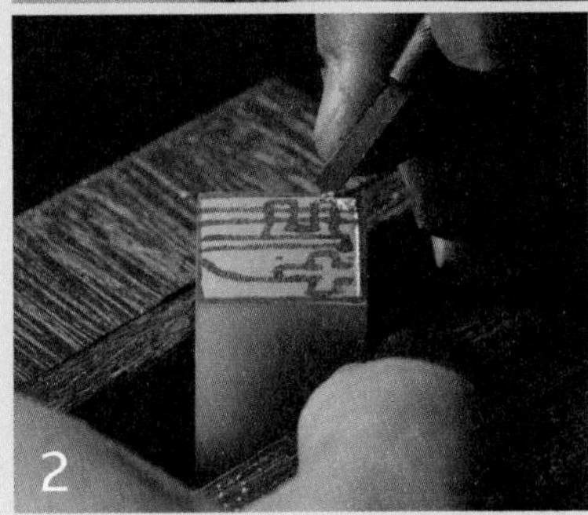
2

一點就通！

線條與線條之間會交織出三角、四邊、圓形等各種不規則形狀，這些印文以外的地方都需要挖除。挖除處稱為「底地」，刻底地的步驟則稱「起地」。
通常都是刻好印文後再進行起地，但有些小面積處，在刻線條時，同時進行起地的動作。例如「佛」字裡有四個「口」，當要切「口」內四邊時，只要上下左右，四刀切下去，自然就挖出中間的底地。（圖4）

檢查。

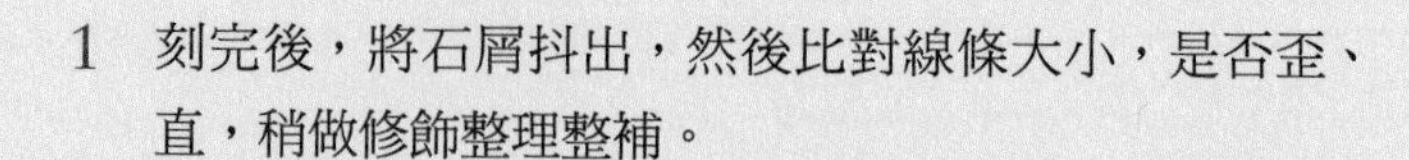

1 刻完後，將石屑抖出，然後比對線條大小，是否歪、直，稍做修飾整理整補。

2 修飾印章外緣的四個尖角，使其圓潤。如此一來整個印章看起來就是外圓內方。（圖1）

3 刻好的印章用牙刷刷去粉屑，然後蓋上印泥。蓋印泥像搗藥一般，要上下敲打印泥十次，讓印泥均勻地黏附在印面上。

4 將印章蓋在礬宣紙上，同時連同紙翻轉向上，用牙刷的柄刮印。（圖2）

5 撕下礬宣紙，並用衛生紙將印章上的印泥擦去，然後將印章與紙上的圖案互相比對，檢查線條的粗細、歪直及是否有雜質，有雜質代表起地不深，要再挖深一點。

6 整理完再印一次檢查，反覆檢查直到印出來的圖案沒有雜質為止。這些與一般蓋印不同，繁複檢查步驟，是為了確認刻字或圖案能清楚地印在紙上。（圖3）

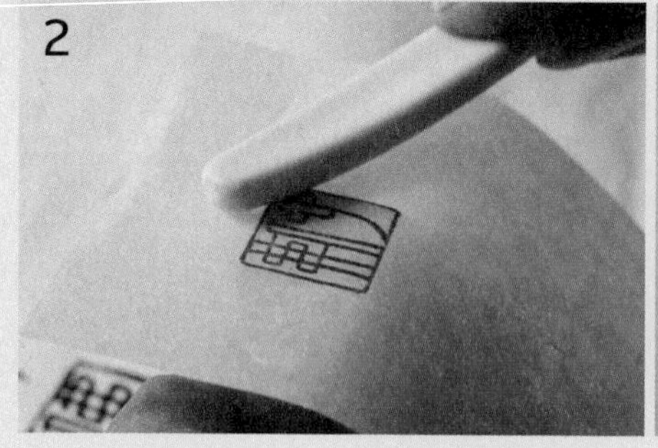

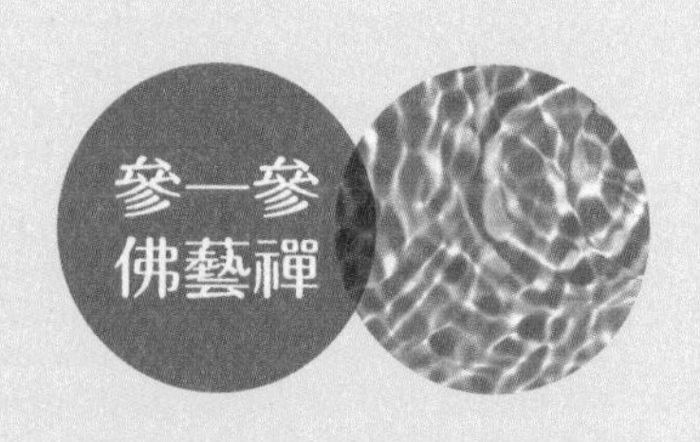

外圓內方是審視篆刻藝術的重要條件，有提醒做人處事要外圓內方的寓意。因此，印章與字也都掌握外圓內方的原則是最好的，例如，本篇示範「佛」字裡的「口」，口外的線條要圓滑，口內的底地則要方正。篆刻與書法相同，也講求章法、筆法。章法是刻面的構圖，筆法則考驗篆刻者的書法造詣。至於篆刻所需的刀法，則需透過反覆練習，因此也是一門修身養性的工夫。

活用篇——3

圖畫篆刻

在古代，印章是由文人書寫，再請石匠雕琢，雖然精緻，但難脫匠氣。明代文彭（1498～1573年），在偶然機會下發現青田石硬度軟，可以自己動手刻印，從此文人紛紛自篆自刻，脫離了與專業刻工的合作。自己刻印章就好像寫字和打字的不同，手製就是多了一股生命力，而且每一次篆刻都是無法重複的藝術表現。有了文字篆刻的基礎之後，圖畫篆刻不但更容易上手，再加上書法、繪畫的概念，做起來自然更加有趣！

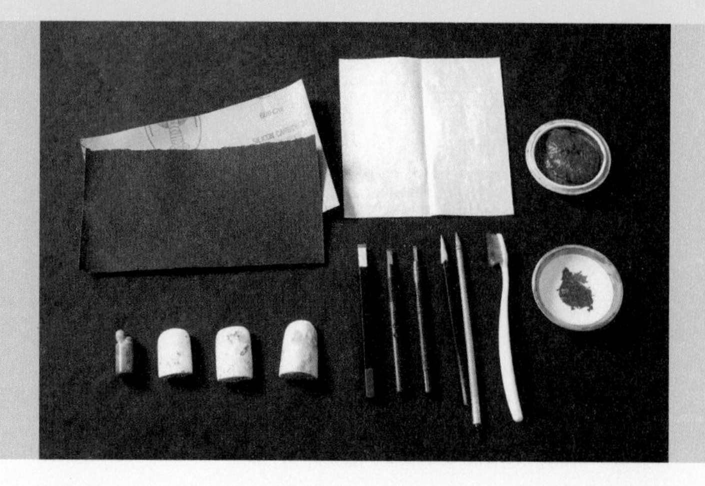

工具

- 小楷筆
- 鉛筆
- 學刻印
- 篆刻刀
- 粗砂紙
- 細砂紙
- 牙刷
- 印泥
- 礬宣紙

磨石。

1 將學刻印的刻面，在粗砂紙上輕輕地磨擦1、2次，把表面的油、蠟去除。相較文字篆刻講求規矩，圖畫篆刻較為活潑，可自由選用不規則或圓形的印石。

2 以細砂紙將刻面上的紋路磨平。（圖1）

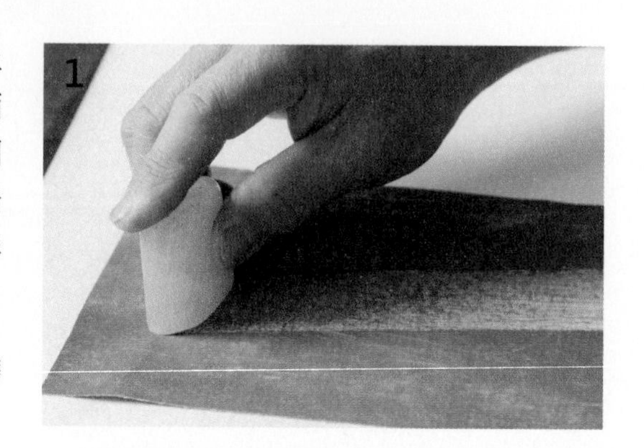

製作底圖。

1 將印石壓在礬宣紙上，用鉛筆沿著周圍描出刻面。

2 在描出的刻面內，用小楷筆畫出面積稍小的墨框。（圖1）

3 在墨框內畫出佛像，並用筆尖在佛像下方點上數筆黑點，象徵佛在蓮座上。（圖2）

4 將底圖裁下，反過來放在印石刻面上並對齊。

5 滴一滴水到底圖上，可用篆刻刀稍稍調整位置，務必使底圖的墨框與刻面對齊。（圖3）

6 用衛生紙罩在底圖上，用手在衛生紙上敲打。如此一來，底圖的線條會印在刻面上。

7 也可以省略礬宣紙轉印的步驟，直接在刻面上畫草圖。因為圖畫不像文字，不需要顧慮字的左右相反問題。（圖4）

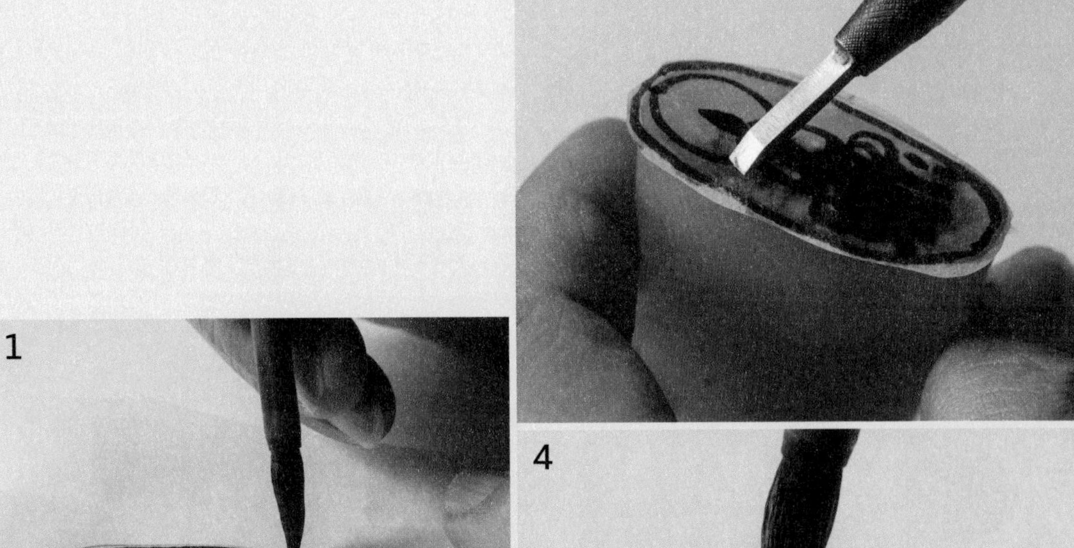

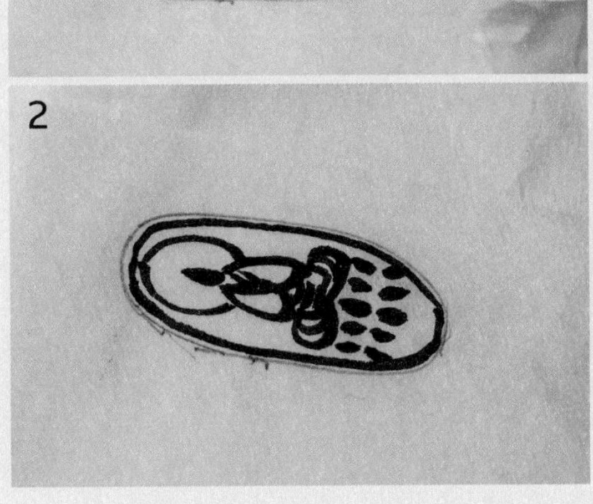

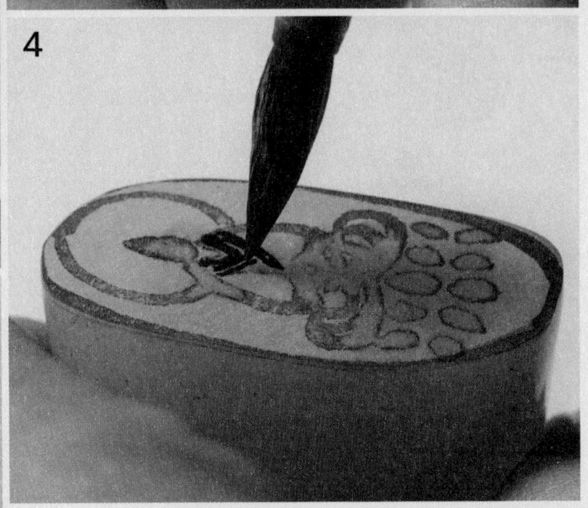

一點就通！

繪佛像時，取其形似即可，重點是線條明顯。初學者可以簡化線條，才不會讓畫面過於複雜。畫好後，可放置幾分鐘，讓水漬風乾，印石愈乾，墨跡會愈清楚，不清楚的線條可用筆直接在上面加強勾勒。

正式篆刻。

1 刻面朝上，將印石握緊在手上。握緊時，手指不要擺在刀刃下刀的前方，避免割傷。比較安全的方法是手指要握在刻面的下方。(圖1)

2 轉動印石，使得下刀時刀刃能夠貼在線條的左邊。

3 將橢圓形的印框刻出。下刀前，刀尖要貼在框線的左邊，用衝刀向前衝出。

4 遇到與佛像線條相連之處，或是橢圓上下兩端較為圓弧的線條，則改用切刀切割，避免截斷。(圖2)

5 下刀前，也是把刀貼在線條的左邊，依線條長短、直曲而使用衝或切刀。例如，佛像的衣服，線條較直，可用衝刀，圖形小而圓的佛首、背光、蓮花座，則用切刀較為安全。(圖3)

6 **起地：**除了刻線，還要掘刻出空隙。線條與線條之間會交織出各種不規則形狀，這些線條以外的地方都需要挖除。用刀從線條的外緣往空白內掘刻，把不需要的石材刻出，如此能避免切斷筆畫連接之處。(圖4)

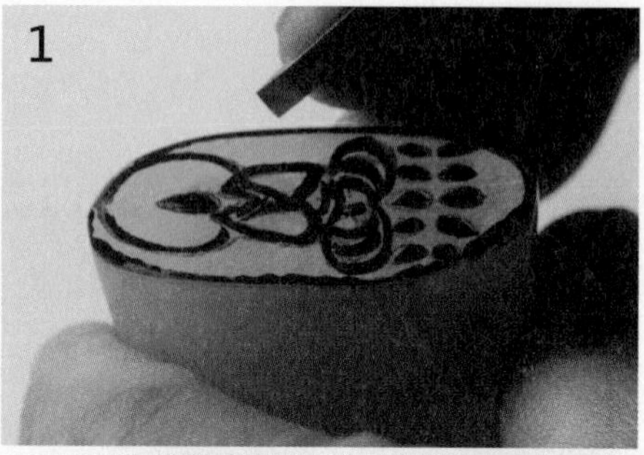

1

2

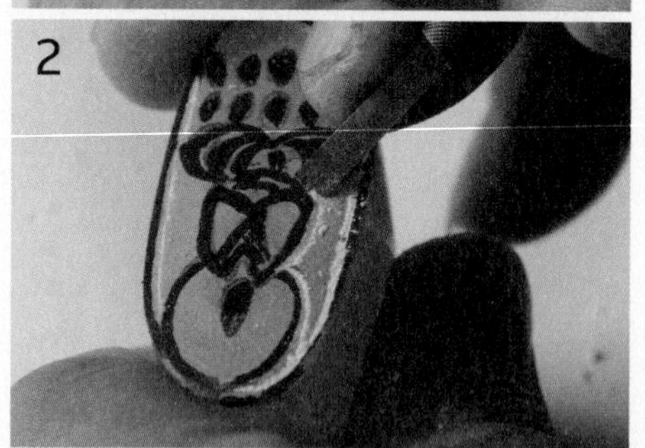

3

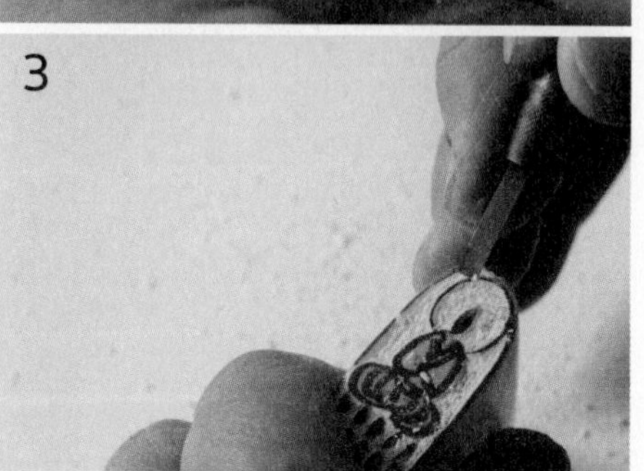

4

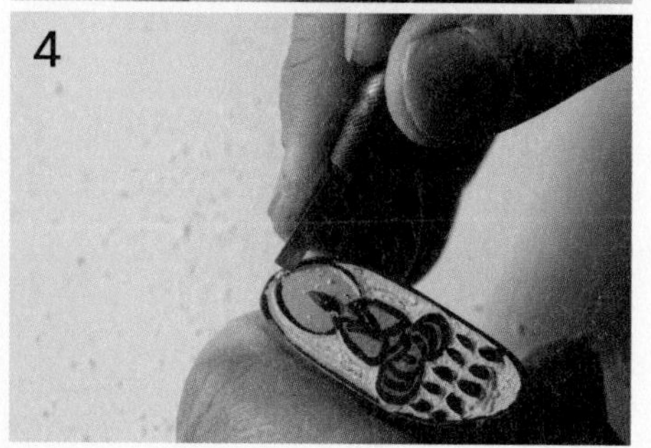

一點就通！

不論是刻印框，還是刻圖案，下刀前，刀尖一定要貼在線條的左邊，如此才不容易刻壞線條（衝刀與切刀的方法，請參考〈書法篆刻〉一文）。

此外，起地時，會挖出很多粉屑，千萬別用嘴去吹，免得吸進粉屑影響健康。正確的方法是用手或牙刷，撫拭剝落的粉屑。

檢查。

1 刻完後，將石屑抖出，然後比對線條大小及歪直與否，稍作修飾整理。最後用牙刷清除粉屑，然後蓋上印泥。（圖1）

2 將印章蓋在礬宣紙上，同時連同紙翻轉向上，用硬物刮印，讓印圖盡量達到最清晰的狀態。（圖2）

3 撕下礬宣紙，將印章與礬宣紙上的圖案互相比對，檢查筆畫線條的粗細歪直，是否有雜質，有雜質代表起地不深，要再挖深一點。

4 反覆檢查，直到印出來的圖案沒有雜質為止。

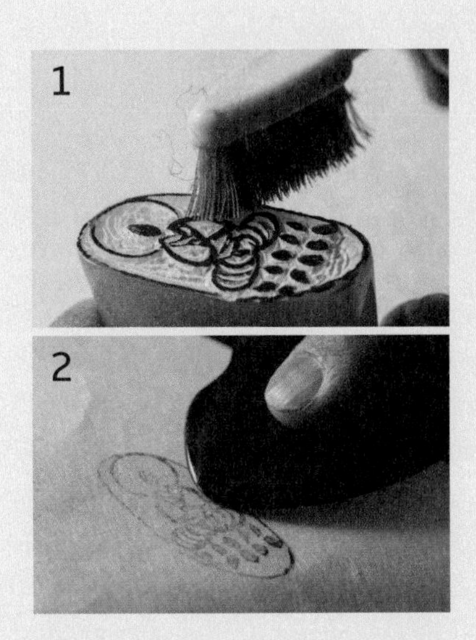

刻邊款。

1 在印章立面刻上邊款，首先刻上作品名稱「佛相」。（圖1）

2 邊款一律刻在印章蓋下時，左側的立面上。可先在表面練習，之後用砂紙磨平後再下刀。

3 在作品名稱下，刻上篆刻時間和篆刻者的姓名。（圖2）

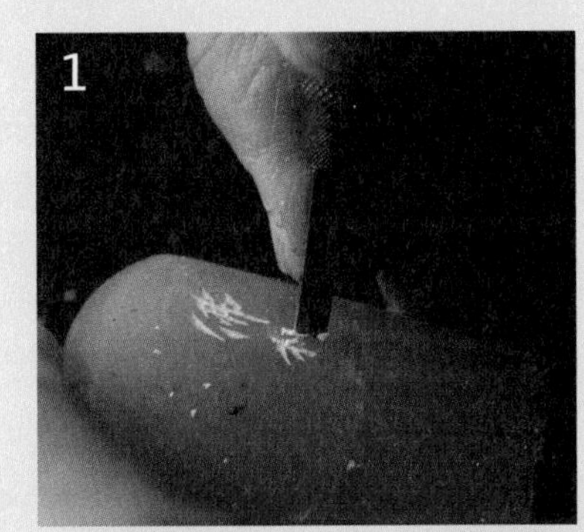

篆刻也需要署名落款表示負責。但也如同書法的落款無帖可摹一樣，刻印章的邊款也沒有底圖可摹，因此下刀時端看個人書法功力與配圖結構的美感。

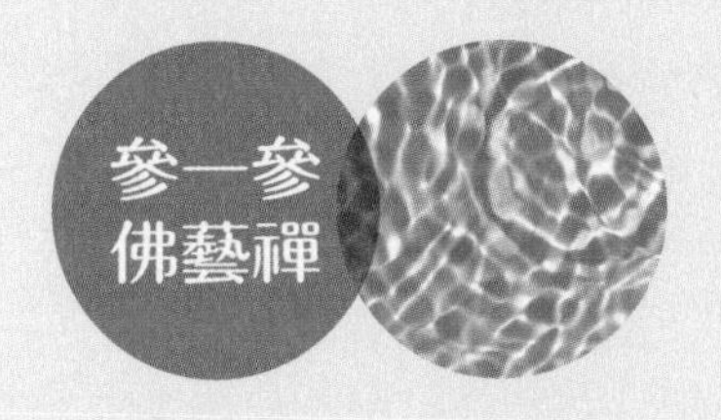

其實，篆刻即是以刀代筆，無論是刻字或圖畫，道理都是相通的。由於刻印面積小，在方寸之間如何把文字的韻味與生活的樂趣結合，除了需要靜心思考，正是篆刻時，更是需要高度的專注力與耐力。當我們一心專注時，妄念自然會慢慢減少，內心就會趨於平靜、輕安，自然而然就會帶來身心淨化的轉變。

活用篇—4

實用陶藝

老在印石上篆刻，在宣紙、卷摺上題字作畫，是否膩了？這時，不妨嘗試看看在陶坏上創作，尋找不同的靈感，讓筆畫書篆與陶瓷藝術激盪出驚喜的變化。本篇示範的陶刻創作，只要在素坏上進行單純的創作，不但保留手作的樂趣，也省去了拉坏、上釉、燒製等繁瑣手續。在週休二日時，不妨規畫陶藝之旅，讓親子一起動手做，好玩又有成就感！

工具

- 中楷筆
- 小楷筆
- 墨汁
- 篆刻刀
- 上過釉的（杯、盤）陶坏

手寫陶作。

我們可以先選擇手寫的方式在陶作上題字，再做刻陶的進階練習，因為手寫陶的方法與工具比刻陶更簡單，只要準備一枝毛筆，再請店家提供未上釉料的素坏與釉下彩色料，即可完成。

1 毛筆沾上青花色料。青花色寫在白色素坏上，雖不如黑墨搶眼，但燒出來卻多了一分雅緻。

2 左手握陶杯，杯把朝右，在陶杯上從右到左題上「慈悲喜捨」。 青花色料未乾時，不要碰觸字跡，也別讓寫過的字碰觸桌面。（圖1）

3 寫完主文後，換小楷落款（此時手上的陶杯剛好轉了一圈，杯把已經朝向左方）。（圖2）

4 洗筆，沾上朱印色釉彩，在落款左方畫個小小的姓名章，表示用印。（圖3）

5 也可用同樣的方式在陶盤上題字、落款、用印，即告完成。（圖4）

6 將完成的陶杯、陶盤委由店家上透明釉、窯燒。

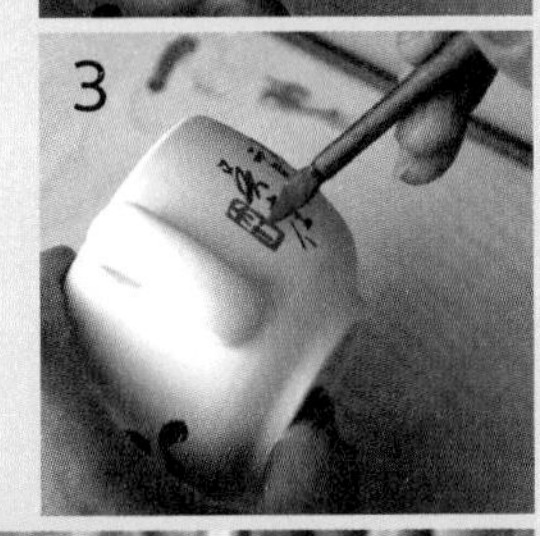

手刻陶杯。

製作底圖

1 取毛筆沾加水調淡的墨汁，準備題字。因為字跡即將刻除，所以墨色不須太濃。陶土具有吸水特性，也可用毛筆沾水，直接在上過釉的陶杯上題字。

2 左手握住陶杯，在杯上從右到左題上「得心」。（圖1）

篆刻

1 可用篆刻刀法中的「衝刀」，以刀尖入陶杯，往前一刀衝過去，將「得心」的線條刻出。（圖2）

2 遇到筆畫相連之處，或是進行小面積的切刻，則改用「切刀」，以刀尖（角）入陶，一刀一刀地往下切，有如點虛線一般。（圖3）

3 刻完線條後，將「得心」筆畫內的陶土挖除。（圖4）

4 將完成的陶杯委由製陶的店家或陶藝教室窯燒。

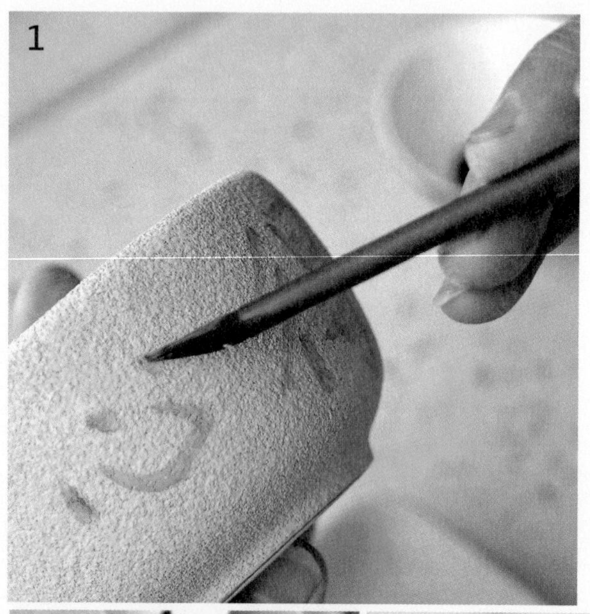

1

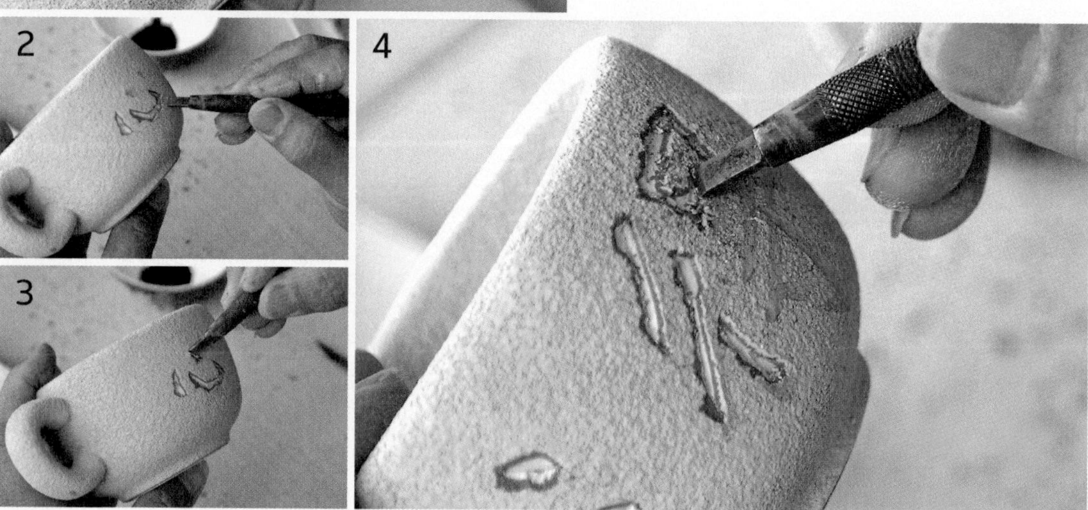

2

3

4

手刻陶盤。

製作底圖

1 在陶盤上，從右到左寫下「自在」。（圖1）

2 於「自在」二字下方用小楷字落款。由於陶盤方正，落款能避免畫面過於單調。此外，還可以在姓名旁畫上小小的姓名章，代表用印。不過小字比較難刻，可自行斟酌。（圖2）

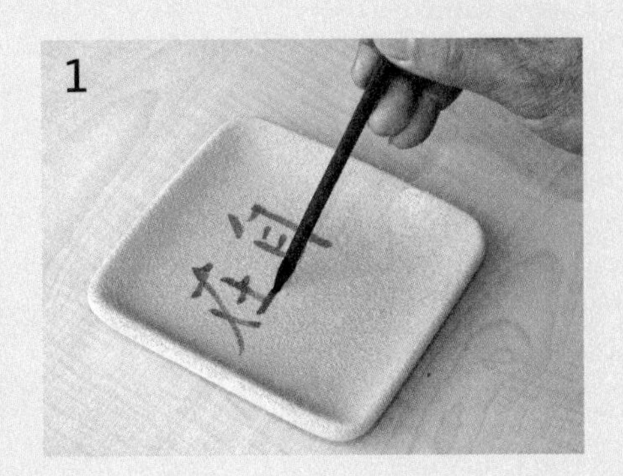
1

2

一點就通！

上過釉的陶杯較厚，適合手工刀刻，但因杯上已塗了一層釉藥，盡量不要被手指碰觸到，否則會印上白色指痕，經過燒製後，有指痕的地方顏色就會變得比較淡；但不論題字還是刻陶，免不了要碰觸杯身，所以應放輕力道，並盡量避免不必要的碰觸。

篆刻

1 交互使用「衝刀」跟「切刀」刻出「自在」的線條。（圖3）

2 刻完線後將「自在」的筆畫挖除，把線條內多餘的陶土鑿出。

3 將落款文刻出。落款的字體較小，刻時宜小心，避免線條崩落。（圖4）

4 用店家提供的吸塵器清除陶屑，避免吸進粉屑影響健康。（圖5）

5 將完成的陶盤委由製陶的店家或陶藝教室窯燒。（圖6）

一點就通！

不同於篆刻教學所教的「陽刻」，陶刻屬於「陰刻」。刻線時，一定要把外層的釉藥鑿除，刻到內層白色陶土出現，否則燒製後，筆畫線條將不易呈現。

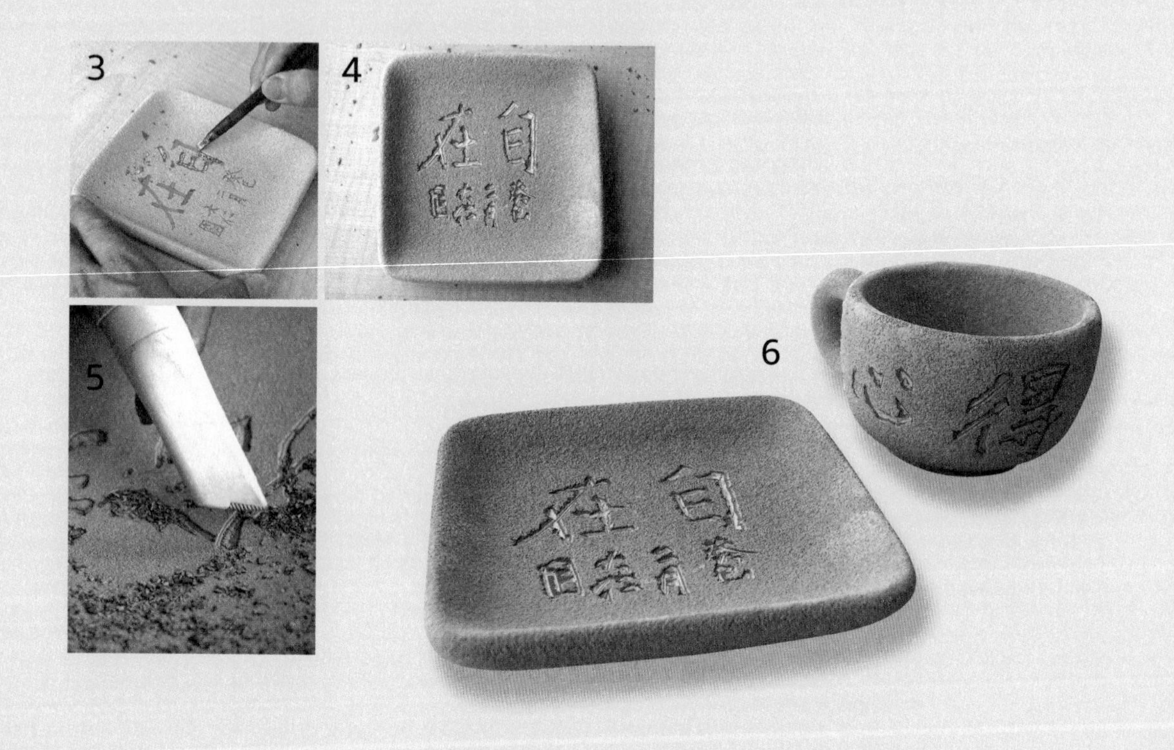

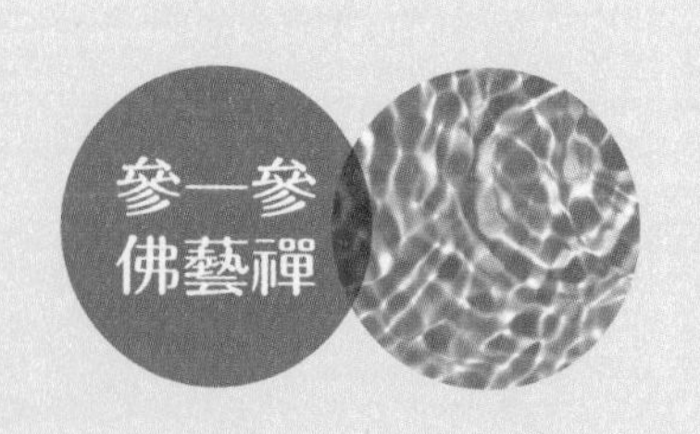

人人都想得到自在，可是往往陷入煩惱，關鍵其實在於「心」。我們要了解「心」，不要讓它受環境影響而緊繃，才能放鬆，達到自在的境地。能夠放鬆身心，壓力、負擔也才得以減輕，不只對自己身心健康有用，對周遭的親友也都有益。我們可以藉由將法語刻在生活器具上，把佛法融入日常生活，除了具有實用功能，也能在使用時多了一些對自己的提點。

木刻巧思

活用篇 — 5

木刻，顧名思義，就是在木器上刻字。相較於篆刻、手刻陶，手工木刻字更兼具經濟實惠與環保價值，因為木器容易取得，即使一塊廢棄的木板都能成為創作素材。例如，廢棄的桌腳可做為文鎮；用過的竹筒飯可拿來做筆筒，只要材質不是合成夾板，都可以在上面盡情發揮巧思。

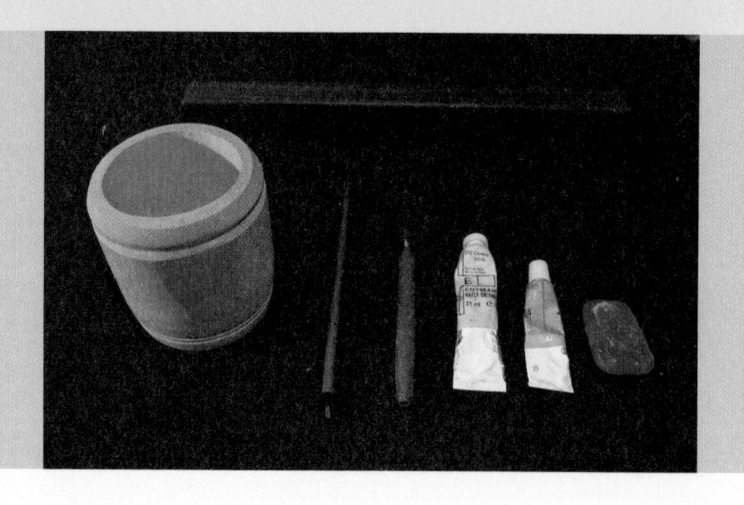

工具

- 竹筒
- 文鎮
- 篆刻刀
- 小楷筆
- 肥皂
- 國畫顏料（三綠、朱色、白色）
- 亮光漆

刻竹筒。

製作底圖、刻字

1 將刻面用粗砂紙輕輕地磨擦，使刻面平坦。

2 用小楷筆沾上墨汁，在刻面上從右至左寫下「和樂」二字，字級大小可依刻面自行調整。（圖1）

3 將「和樂」的線條刻出。如同印章篆刻一般，可用「衝刀」處理。（圖2）

4 遇到筆畫相連之處，或是進行小面積的切刻，則改用「切刀」，即一刀一刀地往下切，有如點虛線一般。（圖3）

5 刻完線後，將「和樂」的筆畫挖掉，把線條內多餘的竹屑刮除。

6 完成後再用篆刻刀將線條內雜屑修除。可用刀刃以磨擦的方式，輕輕刮除竹屑，但避免過度修飾，如此線條才能保留篆刻蒼勁雄奇的味道。（圖4）

7 將落款文刻出。落款的字小，刻時要小心，避免線條崩落。

1

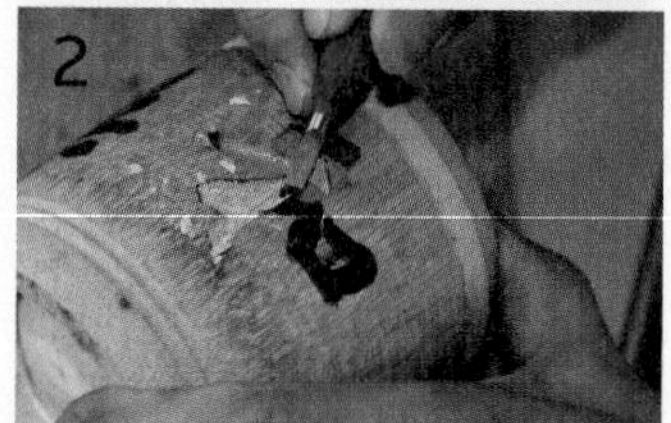
2

3

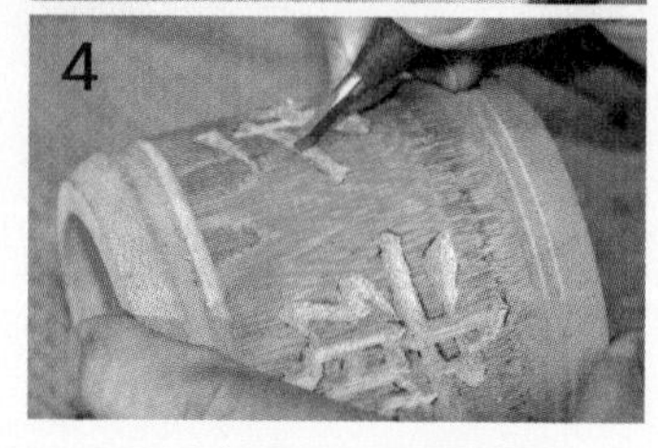
4

一點就通！

刻竹筒屬於陰刻。刻線時，一定要把外層的墨跡鑿除，刻到內層原木出現。盡量避免用挖的方式，這樣容易使竹木碎裂。可嘗試各種角度下刀，並用力將刀刻到底，把線條刻出來。

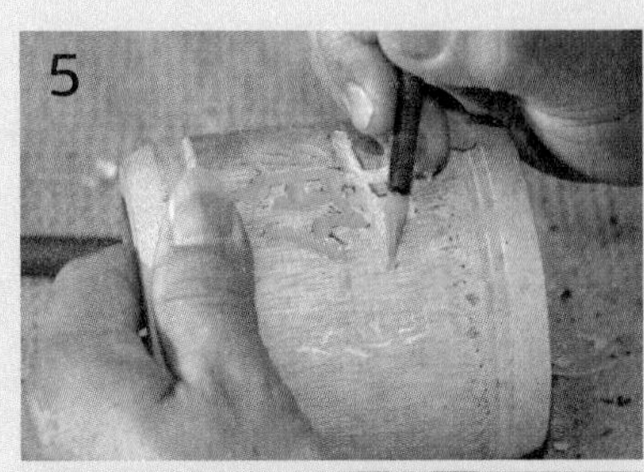

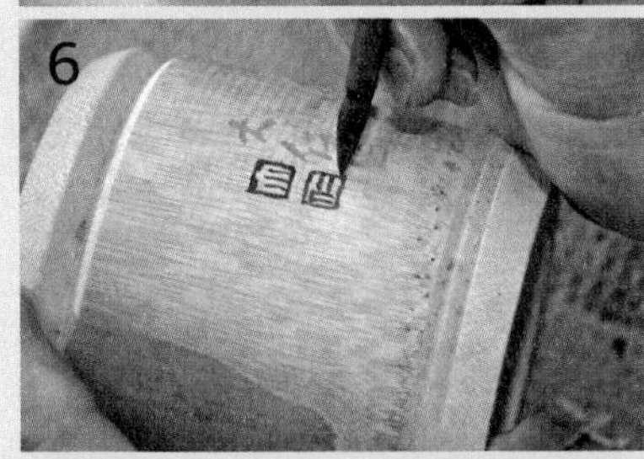

上色與上漆

1 用小楷筆沾上三綠顏料，為刻好的「和樂」及落款文上色。（圖5）

2 洗筆後，以小楷筆改沾朱印顏料，在姓名旁邊畫上小小的姓名章，代表用印。（圖6）

3 最後在竹器上噴上亮光漆，以保護刻字顏料不褪色。（圖7）

4 木刻「和樂」竹筒完成。（圖8）

一點就通！

第一次上色前，可在刻字的周遭噴上亮光漆以形成保護膜。這樣上色時，即使顏料過多，不小心畫出線條外，顏料也不會因此而沾染竹器。等到顏料稍乾，就能把畫出線條外的顏料拭去。

手刻文鎮。

製作底圖與刻字

1 用肥皂在刻面上輕輕地磨擦1、2次，使刻面因為抹上一層肥皂而能上字。（圖1）

2 用小楷筆沾上白色顏料，在刻面上寫下「和樂無諍」。（圖2）

3 交互使用衝刀跟切刀刻出「和樂無諍」的線條。不論何種刀法，如同篆刻，下刀之後就順勢而出，絕對不能反向回刀，如果要重修，則要提刀再重新刻下。

4 刻完線後將「和樂無諍」的筆畫挖掉，把線條內多餘的木屑刻出。一定要把外層的墨跡鑿除，刻到內層原木出現。（圖3）

5 完成後再用篆刻刀將線條內雜屑修除。可以用刀刃以磨的方式，輕輕刮除木屑。（圖4）

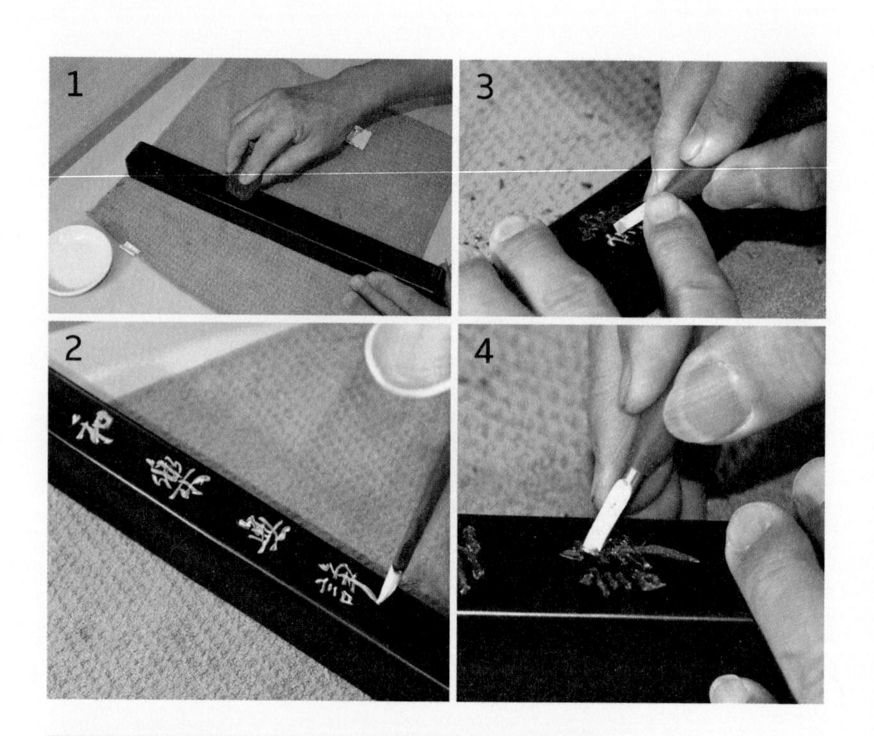

一點就通！

表面已經過亮光漆處理的木材才需要抹肥皂，如果是原木就不需要這個步驟。此外，為了方便刻字以及成品效果，顏料要與木材原色形成對比，深色木材要使用白色顏料，若是淺色木材，則直接使用墨汁即可。

上色與上漆

1　用小楷筆沾上三綠顏料，為刻好的「和樂無諍」上色。市售文鎮通常已經做過亮光保護處理，可直接塗抹刻字處，顏料即使溢出線條外也沒關係。（圖5）

2　等到顏料稍乾，用抹布沾水輕輕擦拭文鎮表面，先去除大面積顏料，隨後用乾抹布將畫出線條外的顏料拭去。（圖6）

3　在文鎮上噴上亮光漆形成保護，作品就完成了。（圖7）

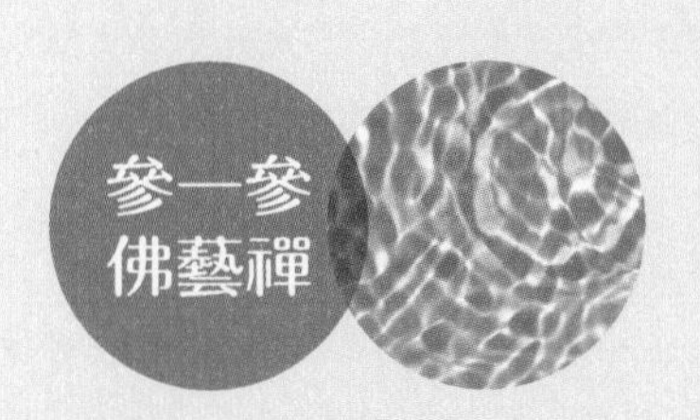

「和樂無諍」源自「六和敬」，其中的「口和無諍」，指的是彼此能夠溝通、協調、勉勵、互助，而不產生衝突。人們往往透過語言溝通，但要常常提醒自己，不要用語言來互相交戰、刺激別人，因為言語不當也會成為暴力，將會帶給別人嚴重的創傷。我們用「手」刻「和樂無諍」，除了藉此涵養一顆「和樂」的心，也提醒我們，凡事多「做」少「說」。

活用篇——6

創意燈籠

在燈籠上作畫，比起在宣紙作畫，難度相對高，除了下筆要慢，還要隨時注意，避免顏料滴落，可以一旁準備吹風機隨時吹乾；另外，也要學習隨機修正畫作，不但考驗創作者的耐心、細心，從中也能得到意想不到的趣味。除了傳統燈籠，還可以在手提燈籠、紙燈具……，畫上其他松、竹、牡丹等各式各樣的圖案，又或寫上現代書法，在生活中處處創造屬於自己的美感。

工具

- 素面紙燈籠
- 墨汁
- 大、中、小楷筆
- 調色用小碟子
- 國畫顏料（三青、藤黃、牡丹紅）
- 噴水瓶
- 吹風機

蓮葉。

1 一手拿著燈籠，一手拿著大楷筆，讓大楷筆沾滿加水調色過的三青顏料，在燈籠正中央的下方準備畫蓮葉。

2 用側鋒筆法，將整枝筆腹壓下去，由右上往左下刷過，然後回刷到落筆處，像寫英文「m」一樣，重複刷出三至四筆，形成類似雨傘的圖樣。（圖1）

3 以畫好的蓮葉為主葉，在四周刷上大小不等的蓮葉。此時可將三青與藤黃顏料進行調色，刷出黃綠色的蓮葉，形成深淺不同的色彩層次。

4 三青加點墨汁調出墨綠色，在每片蓮葉的四周，用「點」的方式點出葉尖，並稍微勾勒出蓮葉的具體形狀。（圖2）

5 在畫面的左上方，用墨綠色刷出最後一片蓮葉，讓整幅構圖有高低落差，在色彩上也有墨綠、青綠、黃綠等不同的層次。（圖3）

1

2

3

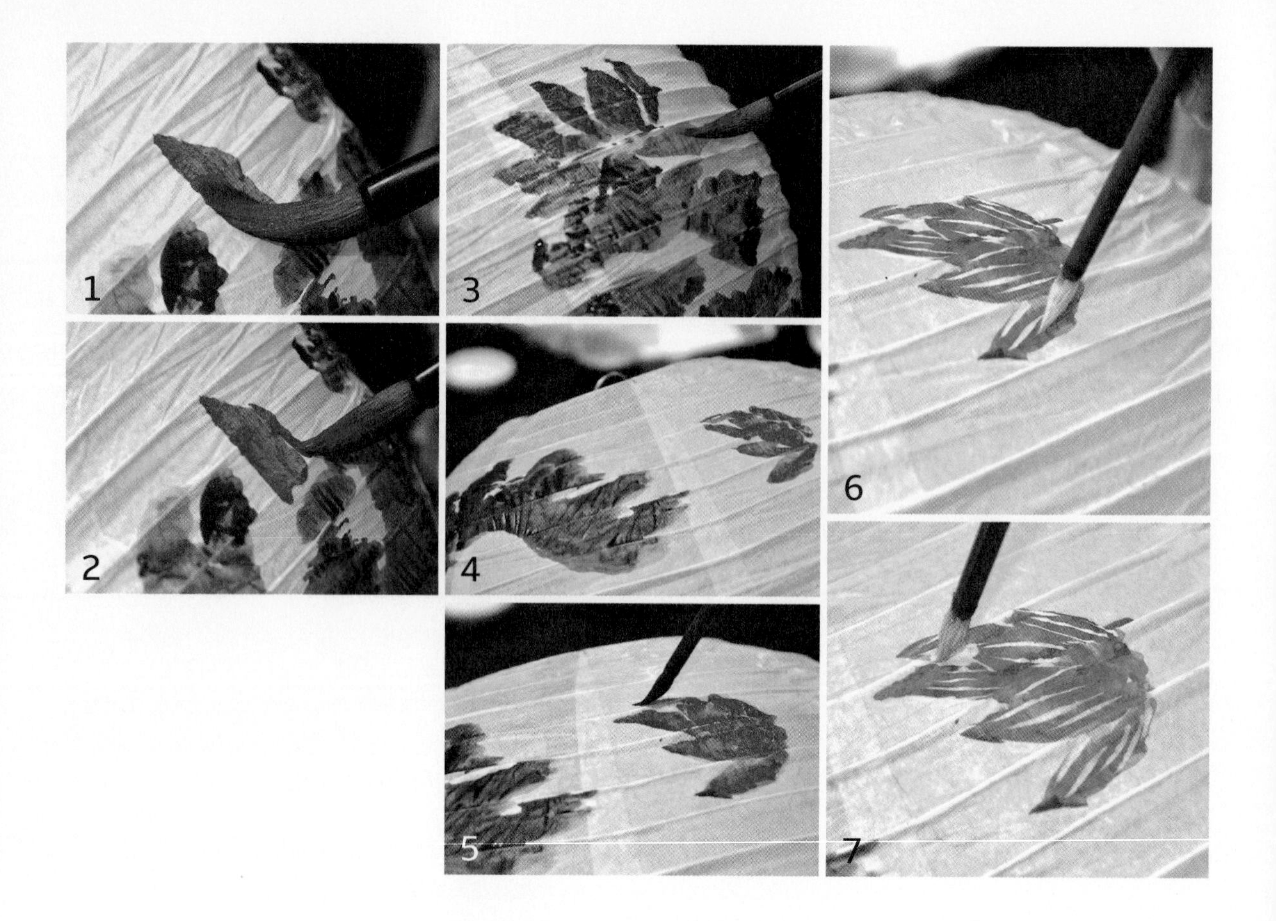

蓮花。

1 換中楷筆，沾牡丹紅顏料，在主葉的上方畫上蓮花。首先用永字八法的「仰橫」，由上往右下，帶點弧度刷出一瓣花瓣（圖1）。

2 隨即在花瓣右側，有如永字八法的「斜撇」，筆尖從上方落筆，將筆腹壓下，順勢往左下一撇。簡單兩筆就畫出一朵未開的花苞了。（圖2）

3 在花苞右側的蓮葉上，畫出綻放的蓮花。（圖3）

4 在花苞的左側上方空白處，畫出半開的蓮花。（圖4）

5 換小楷筆，筆尖沾上胭脂紅顏料，在每一片花瓣尖端，加強勾勒出花形。（圖5）

6 洗筆，改沾白色顏料，在每一片花瓣上，由上往下勾出花脈。（圖6）

7 洗筆，改沾藤黃顏料，將綻開的蓮花中間空白處，由上往下畫出幾條花蕊。同樣在半開的蓮花中間空白處，也畫上花蕊。（圖7）

葉脈與花莖。

1 洗筆後，用小楷筆沾上三青顏料，並加墨汁調成墨綠色，在蓮葉上，放射狀畫出葉脈。如此一來，原本一抹的青綠，就更有蓮葉的樣貌。(圖1)

2 換大楷筆，沾上剛剛調出的墨綠顏料，從蓮葉下方畫出花莖。(圖2)

3 除了主葉，其他蓮葉下方都要畫上花莖，連帶的蓮花的莖也要畫，花莖可以彎彎曲曲，不用太刻板。(圖3)

4 畫面最左上方的蓮葉也要畫出花莖，因為位置關係，可將這枝花莖畫圓一點，順勢畫到燈籠下方。(圖4)

題字。

1 在灑水瓶裡倒入10ml的水，並擠入三青顏料攪拌均勻。

2 在燈籠下方，蓮葉與花莖的地方，均勻噴上顏料，形成暈染的作用，使畫面不會留白太多。（圖1）

3 將燈籠轉到背面，在空白處中央，由右到左題上「年年平安」四字，取「蓮」字的諧音，寓意吉祥。題字不宜過高，否則燈籠掛起來時，會看不到題字。（圖2）

4 最後在題字左側落款、畫印。（圖3）

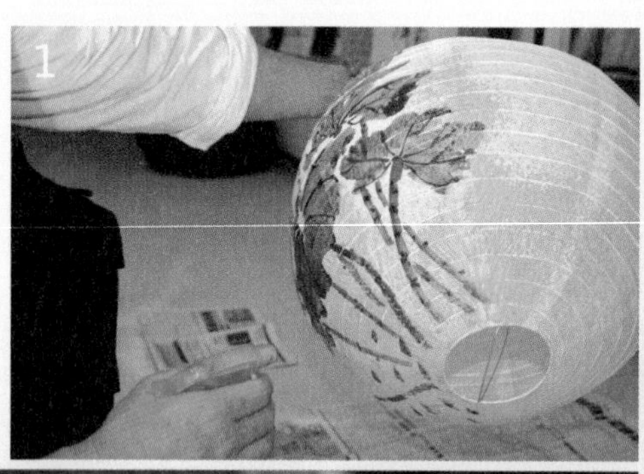

1

2

3

一點就通！

蓮葉正面的葉脈是從中心點向外放射出來，至於側面、背面的蓮葉，中心點就要稍微偏下，還可以依蓮葉開放的角度而偏左、偏右。此外，畫蓮莖時雖然作畫面積小，每片葉、每朵花仍要交代清楚，不要隨便畫個幾枝而使畫面變得頭重腳輕。這一點可以多觀察蓮葉或其他人的畫作，就會愈來愈駕輕就熟。

作品完成。

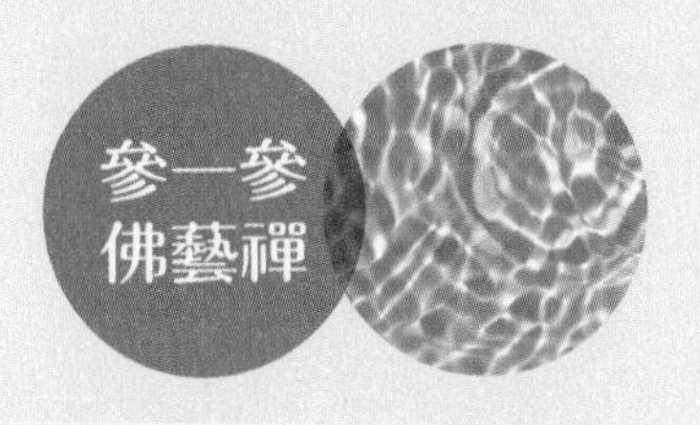

過年期間到道場禮佛，點一盞祈福消災的光明燈，是很多佛教徒新春必做的事。燈火的亮與熱，具有照破黑暗、期許光明的象徵意義，所以燃燈又具有祈求平安的意涵。每到元宵節，佛教徒藉由參加「燃燈供佛法會」，透過虔誠誦經、發願迴向、持燈繞佛，在心田中點亮一盞象徵智慧與慈悲的心燈，藉此掃除心中無明煩惱。

活用篇—7

舊衣新生命

免費贈送的T恤、環保袋，一般都會印上公司行號的名稱、電話，真正把它們穿、戴出門的機會其實根本不高，最後往往就被遺忘在衣櫃或角落之中。運用繪畫、題字，不但可以美化環保袋與衣物，而且經過巧思，還能藉由所繪的圖案巧妙覆蓋過環保袋表面的打字印樣，甚至髒點，增加它們的使用性。不妨找個好天氣把家裡做個大掃除，跟家人一起幫舊衣、贈品改頭換面！

工具

- 大、中、小楷筆
- 壓克力顏料
- 素面衣服
- 素面環保袋
- 調色用小碟子數個
- 熨斗
- 吹風機

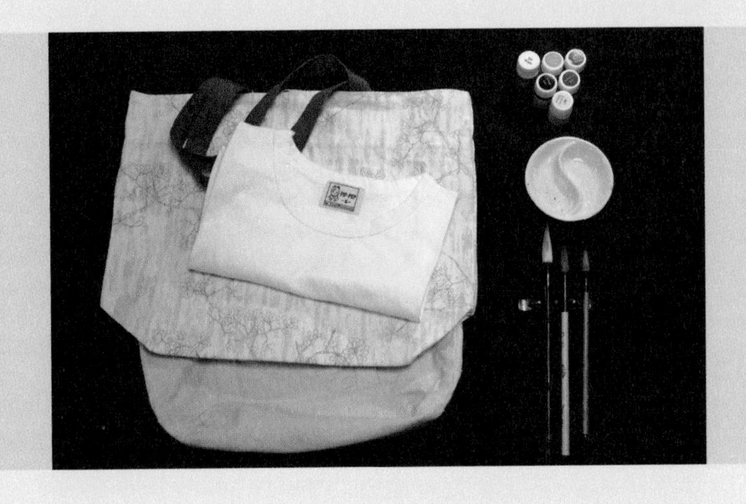

手繪T恤。

底圖製作

1 在衣服裡墊上報紙，避免顏料滲透到衣服背面。

2 在衣服正面胸前，用鉛筆畫上僧人底圖。

3 小楷筆沾上黑色顏料，加水調成淡灰色，沿著底圖線條畫出僧人頭部。（圖1）

4 再沾黑色顏料並加重調成深黑色，沿著底圖線條畫出僧人衣服（僧人畫法請參考〈簡易禪畫〉一文）。（圖2）

5 用深黑色的顏料，在僧人後方畫出簡單的松樹樹幹與樹枝，做為背景。（圖3）

6 在樹枝上畫出數片松針（松樹畫法可參考〈挺拔的青松〉一文）。（圖4）

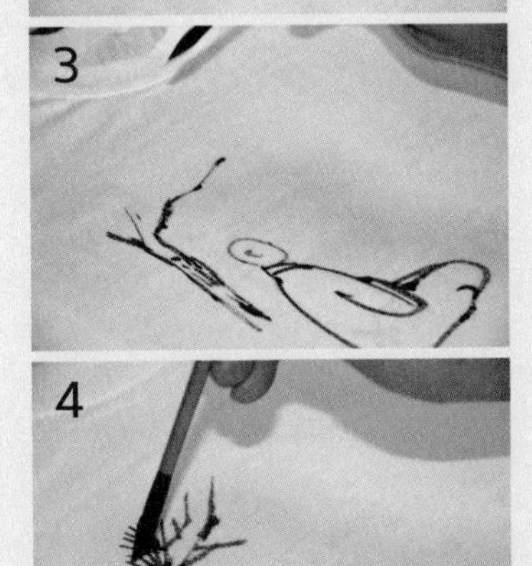

一點就通！

作畫前記得要先將舊衣洗淨、晾乾，才不會讓衣服的汙點影響了顏料上色。新衣服也要如此，如果沒經過清洗，布料會不容易吸收顏料。

布不如紙容易吸收顏料，所以可以多加水或多畫幾次；因為布的控水性不佳，水分或顏料太多都會讓顏色暈開，所以隨時要用吹風機來控制水分。

上色

1 洗筆後，繼續用小楷筆沾黑色顏料，再加上綠色顏料調成墨綠色，在黑色松針上重疊畫出墨綠色的松針，可依距離的遠近，畫上深淺不一的松針。(圖5)

2 換中楷筆，沾上褐色顏料，加水調成淡褐色，為松樹幹上色。

3 中楷筆再沾褐色顏料，加重調成深褐色，沿著僧袍線條勾邊。(圖6)

4 中楷筆沾上褐色顏料，加水調成淡褐色，為僧人的臉部、僧袍上色。(圖7)

一點就通！

壓克力顏料比國畫顏料耐久，上色後耐洗也耐磨，不過色調未必像國畫顏料般，擁有多彩的顏色，以前畫人物只要用橘色顏料，但壓克力顏料的橘色太紅，所以要自行調色，並多嘗試，才能調到適合的顏色。壓克力顏料乾了就無法洗掉，上完色的毛筆要馬上洗筆，以免筆毛被顏料黏住。

作品完成

1 在衣服胸前左側，從上而下題上「解脫一味」四字。

2 在「解脫一味」下方落款、用印。

3 待顏料乾後，可用熨斗燙，如此能加強顏料的耐久性。(圖8)

手繪環保袋。

蓮葉

1 大楷筆沾綠色顏料，加水調淡綠色，在布袋的右上方畫上蓮葉。先用側鋒筆法，將整枝筆腹壓下去，由右上往左下刷過，然後回刷到落筆處，像英文小寫「m」一樣，重複一下一上地刷出3至4筆，形成類似雨傘的圖樣。（圖1）

2 將筆尖沾點黑色顏料加重調成深綠色，在蓮葉的四周，用「點」的方式點出葉尖，並稍微勾勒出蓮葉的具體形狀。（圖2）

3 換中楷筆，沾黑色顏料，在剛畫好的蓮葉旁邊，用筆尖在蓮葉中間點出圓點，並放射狀畫出葉脈，勾勒出另一片蓮葉的線條。（圖3）

4 同樣在剛畫好的墨綠色蓮葉上畫出葉脈。兩片蓮葉中只有一片蓮葉勾邊、畫葉脈而不上色，透過一黑一白呈現對比，就能夠製造出不同的趣味。（圖4）

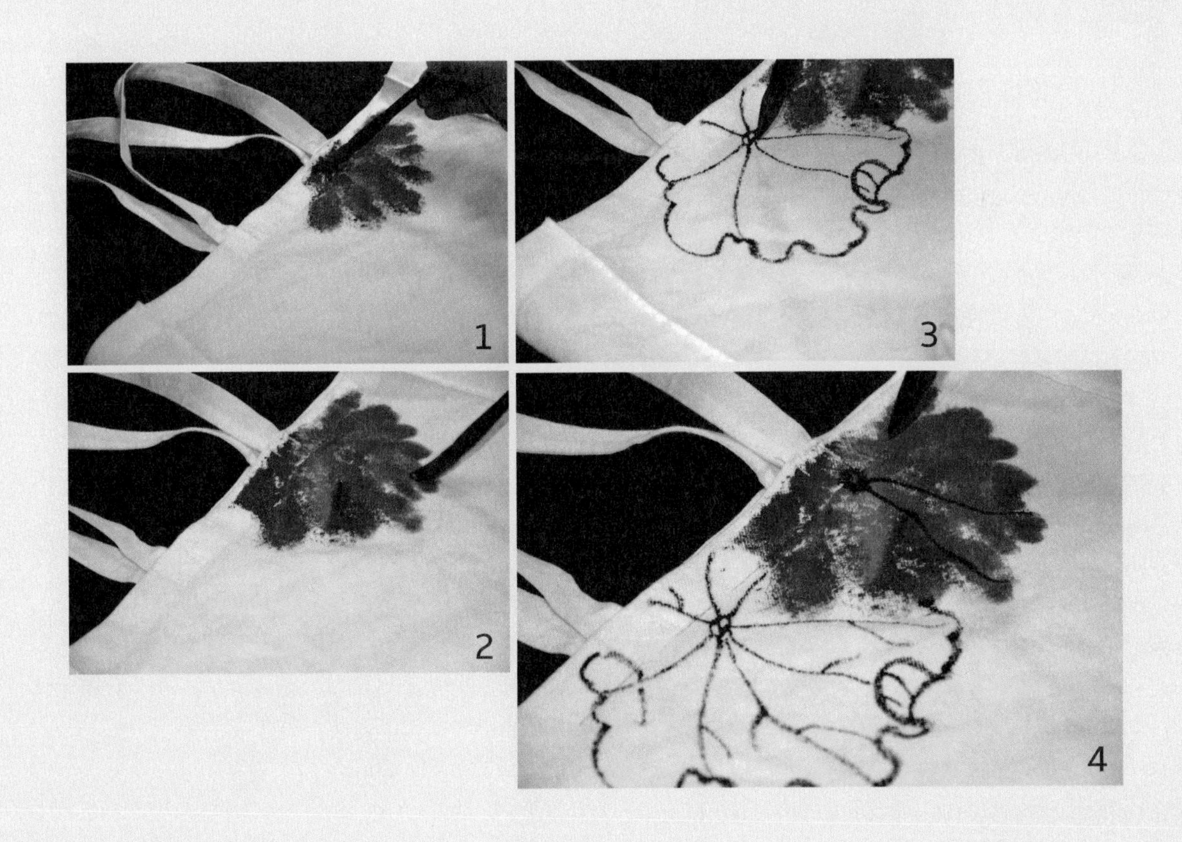

錦鯉

1 中楷筆沾黑色顏料，加上藍色顏料調成藍黑色，在蓮葉下方靠近布袋底部，從下到上畫出一曲線為魚背。(圖5)

2 在收筆處，由下到上畫出數筆形成魚尾。(圖6)

3 在剛剛落筆處畫一小圓成為魚的嘴唇。(圖7)

4 從嘴唇邊畫一半圓成為魚腮，最後將魚肚畫上。魚肚曲線可大一點，如此一尾魚的雛形就大致完成。(圖8)

5 在魚頭上畫出眼睛，並用「點」筆在魚背上點出魚鱗斑紋。(圖9)

6 在魚背、魚肚上，由內向外畫出幾筆形成魚鰭。並在魚嘴上，由外向內畫出魚鬚。(圖10)

7 依照以上的步驟(改沾紅色顏料，與第一尾魚形成對比)，在畫面空白處畫出第二尾錦鯉。(圖11)

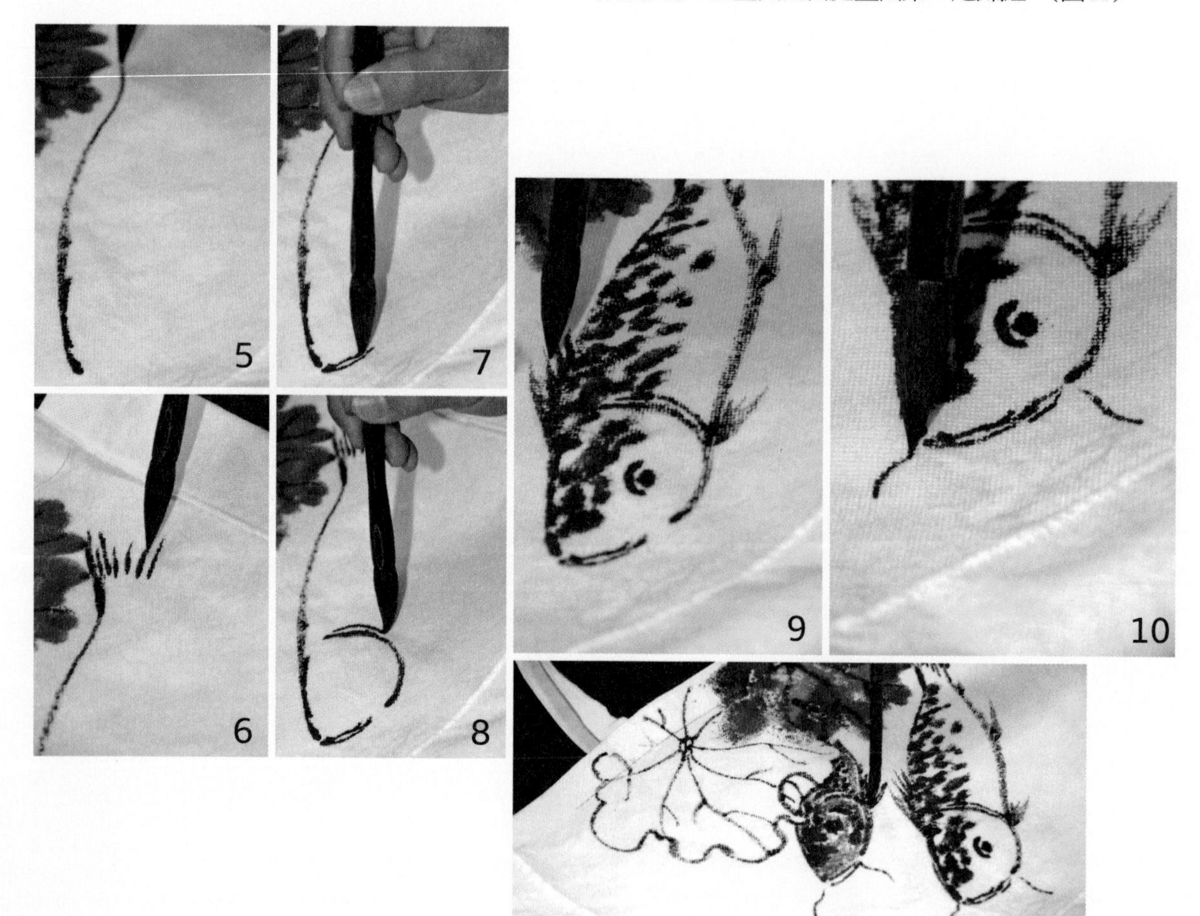

作品完成

1 在布袋空白處，題上「有餘」二字。

2 在「有餘」下方落款、用印。

3 待顏料乾後，可用熨斗燙過一遍，加強顏料的耐久性。

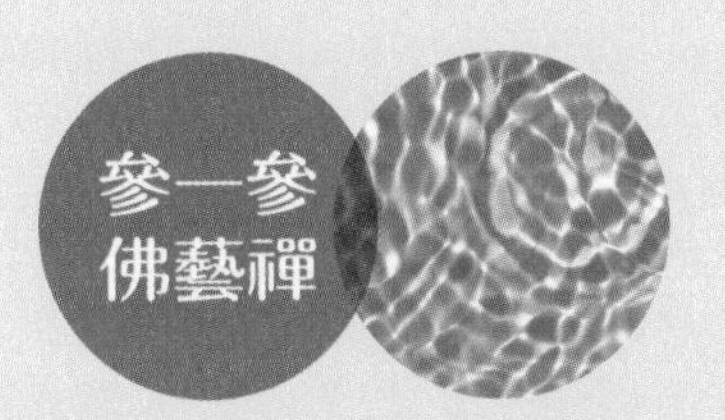

愛護自然環境除了珍惜自然資源、尊重生命之外，其實很多日常生活中的環節，都能夠表達自己對整個地球的一份尊重與愛，舊物的回收與再利用就是一個最好的例子。無論如何，即使是舊的Ｔ恤或環保袋，下筆之前還是要考慮清楚，因為我們的目的是延續使用，否則如果因為不喜歡而丟棄，又會變成二次浪費。讓手中的資源，能永續利用下去，就是一種知福、惜福的生活態度。

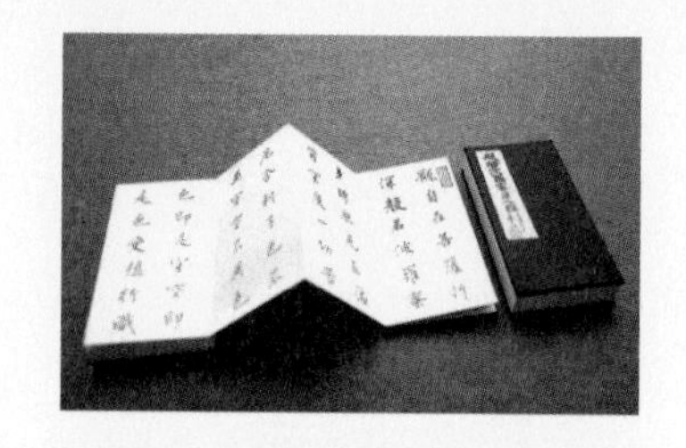

創意佛藝好好玩

20種佛教手作藝術輕鬆上手

Buddhist Arts and Handicrafts:
20 innovative Ideas Made Easy

口述・示範	吳大仁
撰稿	張錦德
攝影	張錦德・李東陽
出版	法鼓文化
總監	釋果賢
總編輯	陳重光
編輯	張晴、方意文
美術編輯	化外設計
地址	臺北市北投區公館路 186 號 5 樓
電話	02-28934646
傳真	02-28960731
網址	http://www.ddc.com.tw
E-mail	market@ddc.com.tw
讀者服務專線	02-2896-1600
初版一刷	2015 年 2 月
建議售價	新臺幣 399 元
郵撥帳號	50013371
戶名	財團法人法鼓山文教基金會—法鼓文化
北美經銷處	紐約東初禪寺 Chan Meditation Center (New York, USA)
Tel	(718) 592-6593
Fax	(718) 592-0717

法鼓文化

國家圖書館出版品預行編目資料

創意佛藝好好玩：20種佛教手作藝術輕鬆上手 / 吳大仁口述.示範；張錦德撰稿. ——初版. —— 臺北市：法鼓文化, 2015.02
面；　公分
ISBN 978-957-598-665-0（平裝）

1.佛教美術 2.作品集

224.52　　103027234

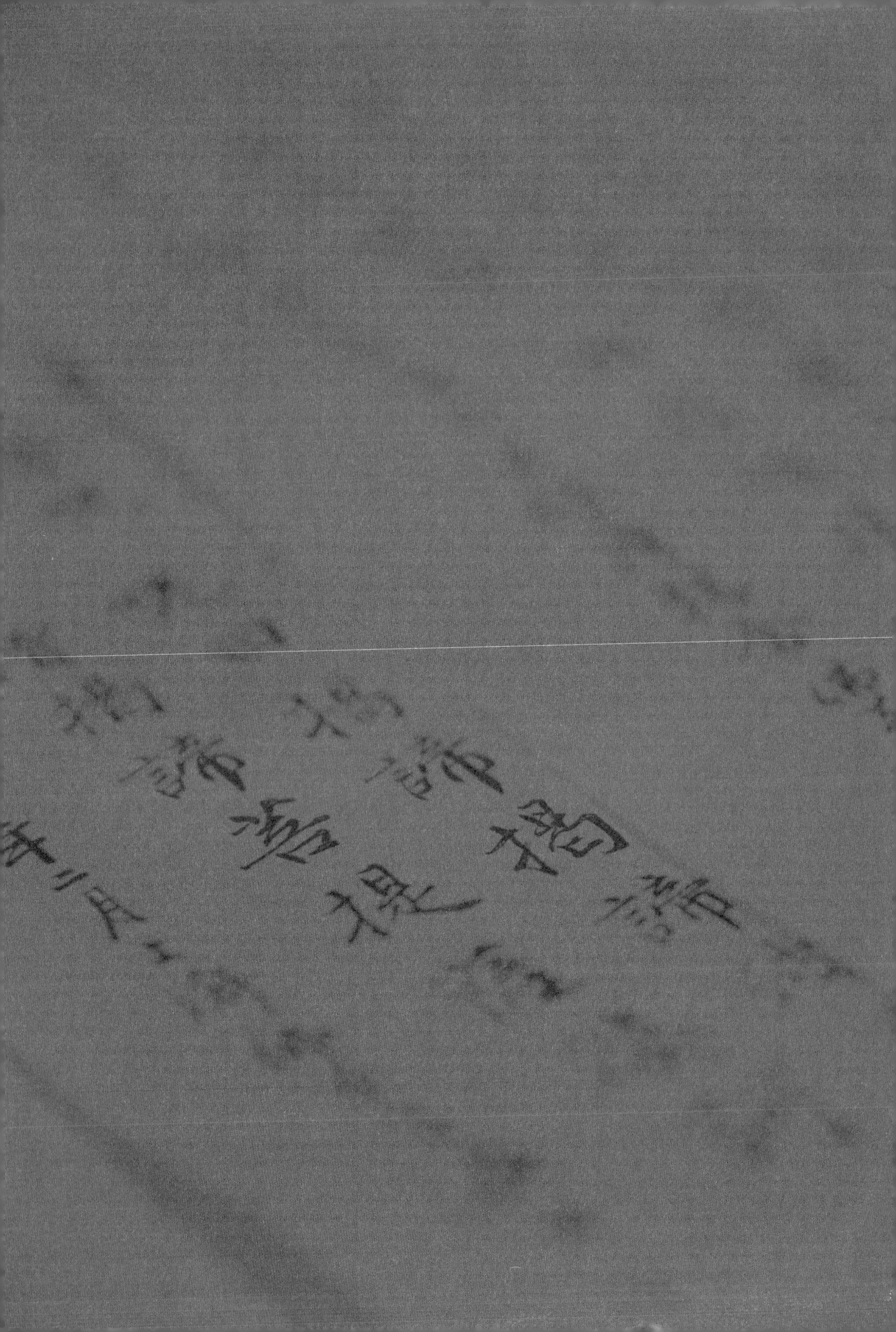

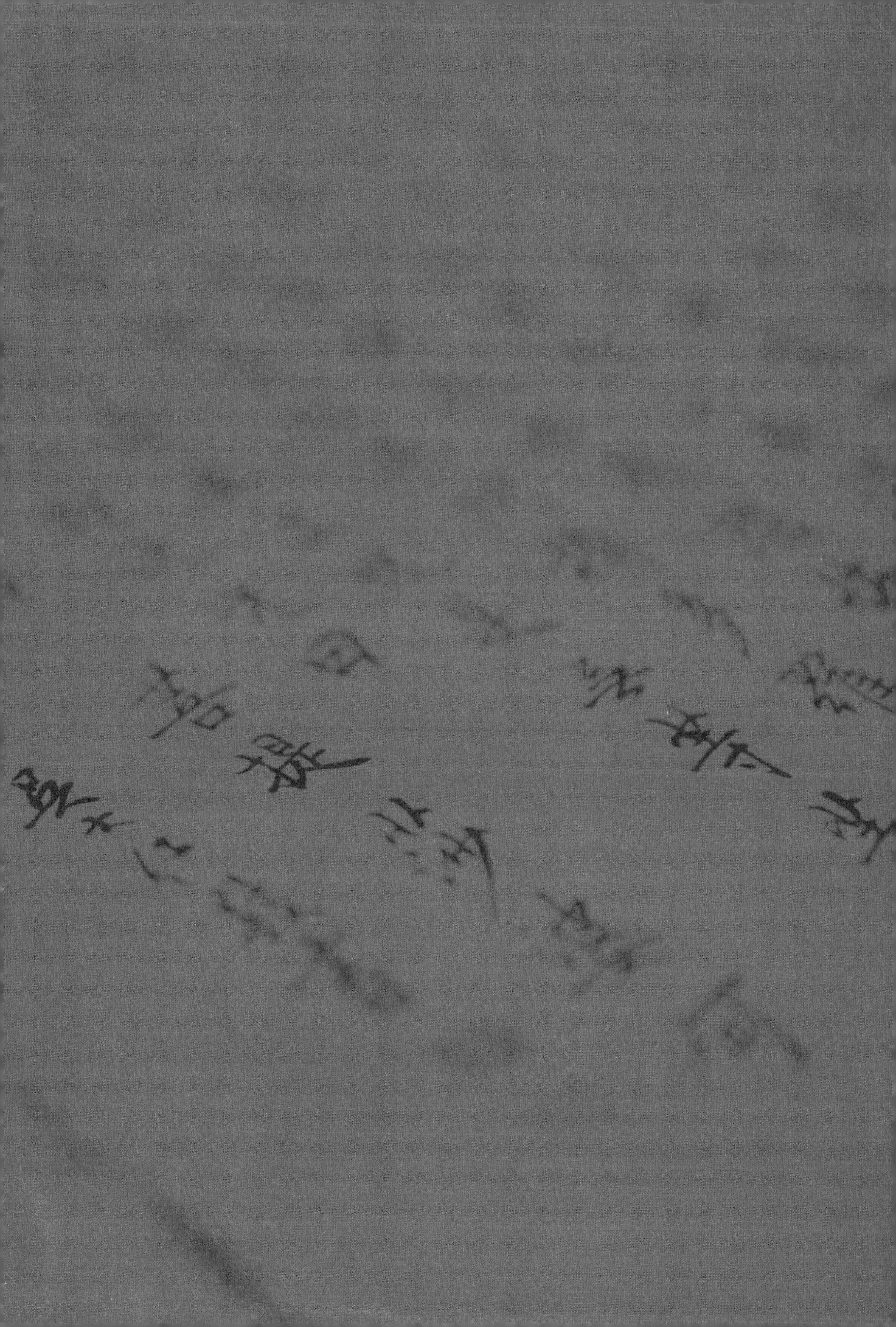